JN276590

吉見　宏　著

監査期待ギャップ論

東京　森山書店　発行

序　　文

　20世紀は，監査にとって著しい展開をみた世紀であった。それは，証券取引法制下で強制監査制度となった財務諸表監査が，公認会計士などの会計専門職によって独占的，専門的に行われるようになった時代であり，社会的な監査の重要性が認識される一方で，監査とは何かが常に問われた時代であった。

　しかし，それに対する明確な答えは，いまだ何者によっても与えられていないといってよいであろう。監査はなにをなすべきか。単純なこの問いに対する答えを，われわれはまだ持ちえていない。

　一方で，この問いに関連して，20世紀後半にわれわれは大きな矛盾を見た。それは，企業不正に対する監査の機能にかかわる問題である。これは，「監査期待ギャップ問題」の発現，あるいはその認識にかかわって検討された。監査期待ギャップ問題は，20世紀後半の会計専門職と，学問としての監査論を揺るがし続けた問題であり，また21世紀にはいってもいまだ解決されず，あるいは新たな展開を見せている問題である。

　本書は，この「監査期待ギャップ」に焦点をあて，その展開と論理を解明するものである。本書は，全11章からなるが，監査期待ギャップ問題の特殊性から，通常の研究書のありかたとは多少異なる構成を取っている。すなわち，本書において明らかにされるように，監査期待ギャップ問題は，歴史的にも古くから存在し，あるいは監査構造そのものに起因する現象と考えられるのであるが，これが概念として措定され，あるいは一般に認識されるようになるのは，1978年にAICPA（アメリカ公認会計士協会）により公表された，いわゆる「コーエン委員会報告書」によってである。したがって，少なくとも概念的には，監査期待ギャップ問題の認識はここに始まる。かかる理解から，本書はこのコーエン委員会報告書の検討からその分析を始めている。

とはいえ，確かにコーエン委員会報告書は監査期待ギャップ問題の存在を認め，概念化した嚆矢ではあるが，このことは，現象としての監査期待ギャップ問題が，それがそのように名付けられてはいなかったとしても，実はそれ以前から存在していたことを意味している。かかる理解から，第2章ではコーエン委員会報告書から歴史を遡り，およそ監査の歴史的端緒から，企業不正問題と監査がどのようにかかわってきたのかを検討する。

さらに第3章では，コーエン委員会報告書が監査期待ギャップ問題を認識せざるを得なかった直接的な契機となった，企業不正等に関わる監査人に対する訴訟を中心に，主要な企業不正事例をアメリカ及びイギリスについて検討し，さらにコーエン委員会報告書以外においても欧米において監査期待ギャップ問題が認識されていく状況を検討する。

続く第4章においては，日本における監査期待ギャップ問題の存在について検討する。日本においては，欧米の状況と大きく異なる点がある。それは，日本では，監査人に対する訴訟が少なく，特に欧米で監査期待ギャップが問題として認識され議論されていた70年代から90年代初頭にかけては，一部の希有な例を除けば，監査の失敗を理由にしたそれは皆無であったと言っても過言ではない。これは表面的には日本には監査期待ギャップ問題は存在しないかのように見えるが，現実にはそうではないことを本章では明らかにすることになる。この検討にあたっては，実態調査と不正事例研究の2つの方法によるが，後者については本書では具体的な言及は最小限に止められている。この点については，拙著（吉見（1999））の成果に依拠するという構造にあることを付言しておく。さらにそれらの検討の結果，ここでは日本において特徴的な監査期待ギャップの態様である「無期待ギャップ」の可能性があることも指摘される。

本書は，以上を第Ⅰ部として構成される。すなわち第Ⅰ部は，企業不正問題に関連して生じた，現象としての監査期待ギャップそのものを把握し，理解，検討するものである。対して続く第Ⅱ部は，かかる監査期待ギャップ問題を監査理論的に分析し，理論的視点を得た上で，近年および将来の監査にかかる新たな諸問題を俎上にのせ，そこに発生する，あるいは発生する可能性のある監

査期待ギャップ問題の拡がりを検討するものである。

　第5章では，監査期待ギャップ問題を監査理論的に位置づけることが試みられる。先行研究の検討の上に，本書独自の視点を持って，監査の構造そのものに期待ギャップ問題が生じる関係にあることが示される。

　第6章では，コーエン委員会報告書以降のアメリカと日本において，認識された監査期待ギャップ問題に対していかなる対応が取られたのかが検討される。それは主として監査基準の改訂等による，会計専門職自身による積極的な企業不正問題への対応であった。これは日本にも影響を与え，監査基準の改訂へと導かれる。またこれは，監査期待ギャップ問題の国際的な共有化でもある。

　第7章以降では，より現代的あるいは将来的な諸問題と監査期待ギャップ問題との関わりが具体的に検討される。すなわち第7章では，日本に独自の制度とも言える中間監査，第8章では環境監査，第9章では無形項目の監査と監査期待ギャップ問題との関係がそれぞれ検討される。これらの問題は，近年監査論上課題となっているものであり，監査期待ギャップ問題との関連もほとんど指摘されていない。これら3つの章では，いずれの問題も監査期待ギャップ問題を拡張させ，あるいはその可能性があるものであることが示される。

　第10章では，21世紀に入って生じたエンロン事件と，それに続くアメリカにおける「会計不信」現象を取りあげる。これは，監査実務および制度，そして会計専門職の社会的位置づけに大きな影響を与えることとなった。その中で，アメリカの監査への「期待」にギャップがあったことを検討し，監査期待ギャップ問題の国際的重層化を見る。

　第11章は，本書の総括をなすものであるとともに，本書での検討を元に，監査期待ギャップ問題の将来を俯瞰するものである。そこでは，監査現象の拡張とそれに伴う監査期待ギャップ問題の拡張，グローバル化，そしてそれに逆行するような監査概念自体の限定が指摘され，監査期待ギャップ問題に対応するという意味での，将来的な新たな監査手法の可能性が示唆される。

　本書の各章の関心は，著者がここ10年余にわたって執筆してきた監査期待

ギャップ論にかかわる論文がその基礎となっている。以下にその主なものと本書各章とのおよその対応関係を記すが，しかしながら本書の構成にあたっては，その大部分が加筆修正され，あるいは組みかえられており，書き下ろしが相当部分ないしほとんどである章もあることに留意されたい。

　　第 1 章………吉見（2003 a）
　　第 2 章………吉見（2003 a）
　　第 3 章………吉見（2003 a），吉見（2003 b）
　　第 4 章………吉見（1993），吉見（1994 a），吉見（1996）
　　第 5 章………吉見（2003 b）
　　第 6 章………吉見（1998 b）
　　第 7 章………吉見（2000 b）
　　第 8 章………吉見（2001 b）
　　第 9 章………吉見（2002 a），吉見（2002 b）
　　第 10 章 ……書き下ろし
　　第 11 章 ……吉見（2002 c），吉見（2003 a）

　本書が上梓されるにあたっては，多くの方にお世話になっている。そもそも，著者がこの研究に取り組んだのは，クリストファー・ハンフリー教授（マンチェスター大学）との出会いが発端である。教授に初めてお会いしたのは，教授がマンチェスター大学講師であられた 1992 年であった。意欲的で独創的な教授との親しい交流と共同研究は，これをきっかけとして始まり，以後教授がリーズ大学上級講師，シェフィールド大学教授と転身され，マンチェスター大学に戻られた現在に至るまで継続している。このように改めて文字にすれば面映い思いではあるが，本書があるのは間違いなく教授との出会いとお付き合いがあればこそである。

　そのハンフリー教授との出会いをもたらしていただいたのは，当時マンチェスター大学に客員研究員として滞在されていた藤田昌也教授（九州大学）である。著者が九州大学大学院在学中に指導を受けた藤田教授を，マンチェスター

に訪ねたのがそもそものきっかけであり，その際，専門も年齢も近いということがあって，ハンフリー教授を紹介していただいたのであった。監査論研究を始めてはいたものの，いまだ中心的な研究分野を特定できずにいた著者に，1つの道筋を与えていただいた機会となった。

　もちろん，九州大学の学部，大学院在学時に指導教官としてご指導いただいた服部俊治・九州大学名誉教授には，改めて感謝する言葉もない。本書がその学恩に少しでも報いることになれば望外の喜びである。

　さらには，著者の勤務校である北海道大学大学院経済学研究科会計システム講座の諸先生方，北海道において日々お世話になっている北日本会計研究会の諸先生方，さらには，日本監査研究学会をはじめとする監査論研究者の諸先生方には，著者の研究にあたって多くのコメントや示唆，ご指導をいただいている。ここにすべてお名前をあげることもかなわないが，記して謝意を示したい。

　本書の刊行にあたっては，市場における専門的研究書の置かれる環境が厳しい中，森山書店編集部取締役土屋貞敏氏には大変な理解と叱咤激励を頂き，たいへんお世話になった。また校正にあたっては，北海道大学大学院経済学研究科研究生檜山純氏にお世話になっている。最後に，不規則な研究生活を支えてくれている家族，妻麻美，2人の娘の明希，優紀に感謝したい。

　　平成 16 年 12 月

　　　　　　　　　　　　　　　　　　　晩秋の紅葉が映える札幌にて

　　　　　　　　　　　　　　　　　　　　　　吉　見　　宏

目　次

第Ⅰ部　監査期待ギャップ問題の認識

第1章　監査期待ギャップ問題の認識
　　　　　― コーエン委員会報告書 ―

 1　は　じ　め　に ……………………………………………………3
 2　コーエン委員会報告書における監査期待ギャップの認識 …………5
 3　コーエン委員会報告書の結論と勧告 ………………………………8
  (1)　社会における監査人の役割 ……………………………………8
  (2)　財務諸表に対する意見の形成 …………………………………9
  (3)　財務諸表上の重要な未確定事項に関する監査報告 …………9
  (4)　不正の発見に対する責任の明確化 ……………………………10
  (5)　企業の会計責任と法 ……………………………………………12
  (6)　監査人の役割の境界とその拡張 ………………………………12
  (7)　監査人から利用者への伝達 ……………………………………13
  (8)　監査人の教育，訓練および能力開発 …………………………13
  (9)　監査人の独立性の維持 …………………………………………14
  (10)　監査基準の設定過程 ……………………………………………14
  (11)　監査実務の品質を維持するための専門職の規制 ……………14
 4　お　わ　り　に ……………………………………………………14
　　　　　―― コーエン委員会報告書の意義 ――

第2章　不正と監査の歴史的連関
　　　　　― 監査期待ギャップはなぜ生じたのか ―

 1　は　じ　め　に ……………………………………………………17

2　目　　次

　2　原初的形態の監査 …………………………………………………18
　3　資本の集中と監査目的の変化 ……………………………………20
　4　お　わ　り　に ……………………………………………………23
　　　──準拠性の重視と監査人に対する訴訟──

第3章　欧米における監査期待ギャップ問題の萌芽
　　　　　── 企業不正事例と訴訟 ──

　1　は　じ　め　に ……………………………………………………25
　2　アメリカにおける企業不正と訴訟 ………………………………26
　　　──コーエン委員会報告書以前にみる監査期待ギャップ問題──
　　(1)　ウルトラマーレス事件 ………………………………………26
　　(2)　マッケソン・ロビンス事件 …………………………………27
　　(3)　バークリス事件 ………………………………………………29
　　(4)　コンチネンタル・ベンディング・マシン事件 ……………30
　　(5)　エール・エクスプレス事件 …………………………………31
　　(6)　エクイティ・ファンディング事件 …………………………31
　3　イギリスにおける企業不正と訴訟 ………………………………32
　　(1)　カパロ・インダストリー事件 ………………………………33
　　(2)　ポリー・ペック・インターナショナル事件 ………………34
　　(3)　BCCI 事件 ……………………………………………………34
　　(4)　マックスウェル事件 …………………………………………35
　4　英米における監査期待ギャップ問題の認識と対応 ……………36
　　(1)　アメリカおよびカナダにおける認識と対応 ………………36
　　(2)　イギリスにおける認識と対応 ………………………………37
　5　お　わ　り　に ……………………………………………………40

第4章　日本における監査期待ギャップ

1　は　じ　め　に …………………………………………………………43
2　1991年の監査期待ギャップ調査…………………………………44
　(1)　調査の概要と背景　…………………………………………44
　(2)　調査結果の検討と概観　……………………………………46
　(3)　調査結果の日英比較　………………………………………50
　　①　不正の発見・防止(50)
　　②　社会的責任(51)
　　③　監査人の独立性(51)
　　④　監査人の責任範囲の限定(54)
　　⑤　日英比較の総括(55)
3　その他の監査期待ギャップに関わる調査………………………57
　(1)　1998年の公認会計士に対する期待の調査　………………57
　(2)　2002年の会計専門職による外部監査についての意識調査 …………59
　(3)　2003年の会計専門職の倫理に関する調査　………………60
4　企業不正事例からみた監査期待ギャップ………………………61
5　無期待ギャップ　…………………………………………………63
　(1)　日本における「無期待ギャップ」の可能性と期待の形成　…………63
　(2)　証券金融市場改革と監査に対する期待の形成　…………66
6　お　わ　り　に ………………………………………………………67

第Ⅱ部　監査期待ギャップ問題の論理と展開

第5章　監査期待ギャップ問題の本質

1　は　じ　め　に …………………………………………………………71
2　監査期待ギャップの分析と拡大…………………………………72
　　――先行研究の検討――
　(1)　マクドナルド委員会報告書　………………………………72

(2)　会計期待ギャップ ……………………………………………73
　(3)　「時間的ずれ」による期待ギャップと近代的期待ギャップ …………75
　(4)　監査期待ギャップの拡大と先行研究の総括 ……………………77
3　監査期待ギャップ問題の監査構造的理解……………………………78
　(1)　会計監査の原初的形態 ……………………………………78
　(2)　監査構造と期待ギャップ ……………………………………81
4　お　わ　り　に ……………………………………………………85

第6章　日米における監査期待ギャップ問題への対応
― コーエン委員会報告書以降 ―

1　は　じ　め　に ……………………………………………………87
2　トレッドウェイ委員会報告書 ………………………………………90
3　期待ギャップに関わる監査基準書 …………………………………91
　(1)　9つの「期待ギャップ基準書」 ………………………………91
　(2)　SAS No. 82 ……………………………………………94
　(3)　SAS No. 99 ……………………………………………95
4　監査基準以外の監査期待ギャップ，企業不正問題への対応 ………96
5　日本における監査基準の改訂 ………………………………………98
6　「会計不信」と監査期待ギャップ ……………………………………100
7　お　わ　り　に ……………………………………………………101

第7章　中間監査と監査期待ギャップ問題

1　は　じ　め　に ……………………………………………………103
2　中間監査の特殊性と普遍化の可能性 ………………………………103
3　中間監査基準と「中間監査」の特徴 ………………………………105
　(1)　中間監査の特徴 ……………………………………………105
　(2)　中間財務諸表監査と中間監査 ………………………………107

(3) 専門職の実務指針への依拠 …………………………………108
　4　旧中間財務諸表監査における監査人の責任事例 …………109
　　　(1) 雅　叙　園　観　光 ……………………………………109
　　　(2) 日本債券信用銀行 …………………………………………109
　　　(3) 日本国土開発 ………………………………………………110
　5　お　わ　り　に …………………………………………………110
　　　――監査人の責任と監査期待ギャップ――

第8章　環境監査と監査期待ギャップ問題

　1　は　じ　め　に …………………………………………………113
　2　実務からみた環境監査 …………………………………………113
　　　(1) 内部監査としての環境監査 ………………………………113
　　　(2) 外部監査としての環境監査 ………………………………115
　3　理論からみた環境監査 …………………………………………116
　　　(1) 第　三　者　報　告　書 …………………………………116
　　　(2) ISO 14000シリーズ上の「審査」 …………………………118
　4　お　わ　り　に …………………………………………………119
　　　――環境監査の監査性と環境監査期待ギャップの可能性――

第9章　無形項目の監査の可能性と監査期待ギャップ問題

　1　は　じ　め　に …………………………………………………121
　2　無形項目の監査の形態 …………………………………………122
　3　「無形」の項目の監査方法 ……………………………………123
　4　「有形」項目の無形項目化 ……………………………………125
　5　無形項目の監査へ向けて ………………………………………126
　6　ブ ラ ン ド の 監 査 ……………………………………………129
　　　(1) モデルによる価値評価と監査 ……………………………129

(2) ブランド価値評価モデルに利用される数値の監査 ……………130
7　経済産業省モデルによるブランド価値評価と監査 ……………………131
　　(1) 透明性ある会計的ブランド価値評価モデルと監査 ……………131
　　(2) モデルへの代替数値利用の可能性と監査 ………………………133
8　ブランドの開示方法と監査…………………………………………………134
　　(1) 「報告書」の示すブランドの開示方法 ………………………………134
　　(2) ビジネス・リポーティングと監査 ……………………………………135
9　無形項目，ブランドの監査と監査期待ギャップ問題 ………………137
10　お わ り に ………………………………………………………………138

第10章　監査期待ギャップの国際的階層化
　　　　　　― エンロン事件とその対応 ―

1　は じ め に ………………………………………………………………141
2　エ ン ロ ン 事 件………………………………………………………………141
　　(1) エンロン社の概要 ………………………………………………………141
　　(2) エンロン事件の概要 ……………………………………………………142
　　(3) エンロンに対する監査人の対応 ………………………………………144
3　「会計不信」の増大 …………………………………………………………146
　　(1) ワールドコム事件 ………………………………………………………146
　　(2) 企業改革法とPCAOBの設置 …………………………………………147
　　(3) 監 査 へ の 影 響 ………………………………………………………148
4　アメリカ監査への「期待」とそのギャップ ……………………………150
5　お わ り に ………………………………………………………………151

第11章　監査期待ギャップ問題の展開

1　は じ め に ………………………………………………………………153
2　現代の企業不正と監査期待ギャップ ……………………………………153

3 「監査の爆発」：監査の自己増殖機能 …………………………………154
 4 監査概念の限定 ……………………………………………………………156
 5 「監査」の要求と会計の変化 ……………………………………………158
   (1) 「監査」の要求の高まり ……………………………………………158
   (2) 会計の変化と監査の対応 ……………………………………………159
 6 監査期待ギャップの理解とその本質 ……………………………………160
        ── 期待の拡大とギャップの拡大から ──
 7 監査期待ギャップ問題の将来への視座 …………………………………161
        ── 継続監査の可能性と監査期待ギャップのグローバル化 ──

参　考　文　献………………………………………………………………………165

第Ⅰ部　監査期待ギャップ問題の認識

第1章
監査期待ギャップ問題の認識
ーコーエン委員会報告書ー

1 はじめに

　20世紀は，監査にとっては財務諸表監査の世紀であった[*1]。すなわちそれは，会計専門職を監査人とする財務諸表監査が成立し，発展し，そしてそれに疑問が持たれ，再構築された時代である。かかる展開は，次章において詳しくみることとするが，ここでまずそれを簡単に総括すれば，20世紀前半はおよそその発展の時代であり，後半は疑問と再構築の時代であったということができる。

　本書は，この20世紀後半の財務諸表監査に対する「疑問と再構築」に焦点をあてるものである。ここでの「疑問」は，監査人たる会計専門職自身がその行った監査に対して持った疑問ではない。ある意味で，彼らは自らの職能に疑問を持たずに邁進してきた。そしてそれが，20世紀中葉以降における，監査，会計「産業」[*2]の隆盛をもたらしたのである。

　その「疑問」は，会計専門職の外から呈されたものであった。第3章においてみるように，1960年代以降，アメリカでは会計専門職である公認会計士に対して，その監査の失敗を理由とした財務諸表情報の利用者からの損害賠償請

　[*1] ここで財務諸表監査とは，独立した第三者である会計専門職の監査人が行う，制度的な会計監査を指している。たとえば，証券取引法制下で行われる公認会計士による証券取引法監査はその典型である。現在，この監査は伝統的な意味での「財務諸表」を越えた範囲の財務情報に対してなされていると考えられるが，ここではこれらを含めて，一般的に利用されていると考えられる財務諸表監査という用語を使用している。
　[*2] 千代田（1998），第2章。

求訴訟が多発した。そして，これらの多くにおいてアメリカの会計専門職の主張は受け入れられず，敗訴したのである。これこそが監査への「疑問」の表れであった。

会計専門職にとっては，監査を行うというその社会的な責務のゆえに，とりわけその社会的な地位の独立性が最も重要な要件である。究極的には，独立性こそ，会計専門職を社会において監査人たらしめている唯一の要件にほかならない[*3]。訴訟の多発とそこでの敗訴は，監査人としての会計専門職の独立性への疑問であり，財務諸表監査自体への疑問であった。会計専門職は，訴訟問題を自らの地位に対する，あるいはその職能に対する社会あるいは一般大衆からの「疑問」として受け取ったのである。

ここにおいて，監査人自身がその役割と考えていることと，社会が監査ないし監査人の役割と考えていることとの間に差異があることが改めて認識された。この問題は，監査期待ギャップ（audit expectations gap）問題と呼ばれ[*4]，20世紀後半の，財務諸表監査への疑問と再構築の時代のキー・ワードとなった（図1－1）。20世紀後半は，「期待ギャップ」により監査が揺り動かされた時代であり，そして今世紀に至る監査の変革に向けた原動力となったのが「期待ギャップ」であったと捉えることができる。本書は，この監査期待ギャップを鍵概念に，今日にいたる監査の展開と構造を検討するものである。

監査期待ギャップ問題は，1978年に公表された，アメリカ公認会計士協会のいわゆるコーエン委員会報告書により認知され，用語としても広く利用されることとなる。ここに至るには，監査にとって長い歴史的経緯と展開があるのであるが，本章では，「期待ギャップ」の認知がなされ，研究が始まった原点

[*3] この点については，異論もあると思われるが，吉見（1988）では，会計専門職が財務諸表監査を行う際の専門性との関連でこれを論じている。

[*4] 監査期待ギャップについては，期待ギャップ，社会的期待ギャップ，エクスペクテーション・ギャップ，などとも呼ばれている。本書では，監査期待ギャップまたは期待ギャップという用語を利用する。この両者は，一般的な文脈においては基本的に同じ内容を指すと考えられるが，後述（第3章）のように期待ギャップを監査以外にもあるものと捉えた場合には，前者は後者に包含される概念関係にある。

図1—1　期待ギャップの発現

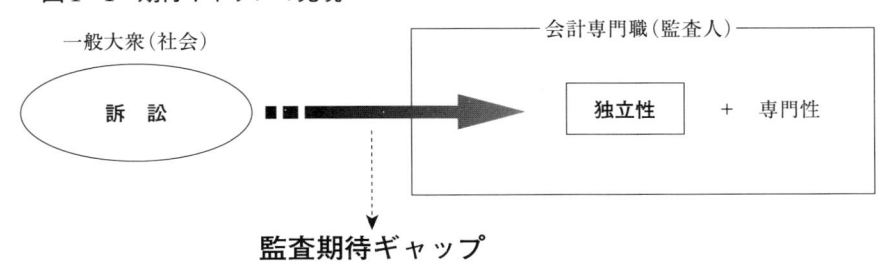

```
　一般大衆（社会）　　　　　　　┌─会計専門職（監査人）──────┐
　　┌───────┐　　　　　　　　│　┌─────┐　　　　　　　　│
　　│　訴　訟　│ ━━━▶　　│　│　独立性　│　＋　専門性　│
　　└───────┘　　　　　　　　│　└─────┘　　　　　　　　│
　　　　　　　　　　┆　　　　　└──────────────────────────┘
　　　　　　　監査期待ギャップ
```

としてこのコーエン委員会報告書を捉え，本報告書における監査期待ギャップの検討から始めることとする。

2　コーエン委員会報告書における監査期待ギャップの認識

　監査人が監査においてその自らの職責と考えていることと，社会が彼らあるいは監査に求めていることとの間にギャップがあることは，直接的には後述のように会計専門職である監査人の不正の発見または防止の責任にかかわる訴訟という形で顕在化した。これに対して監査人の考え方は，現代監査にあって，不正の発見，防止は監査の主目的ではなく，この問題への社会の期待は，財務諸表監査についての無理解から来るもの，というものであったと考えられる。しかし，訴訟での敗訴と，それに伴う多額の賠償金の負担という現実の中では，この問題に対して，会計専門職は何らかの対応せざるを得なかった。加えて，この問題が企業不正と関連しているがために，会計専門職の対応如何では，会計専門職の社会的独立性への疑問，さらには，彼らが担う監査そのものの必要性への疑問へと展開しかねない問題であった。

　かかるなかで，アメリカ公認会計士協会（American Institute of Certified Public Accountants；AICPA）は，1974年に「監査人の責任委員会（The Commission on Auditors' Responsibilities）」を組織し，監査人が負うべき責任の範囲について検討した。委員長の名を取って一般にコーエン（Cohen）委員会と呼ばれるこの

委員会は，1977年3月に中間報告書，そして1978年に最終報告書を発表した。この中で，上記の問題を「期待ギャップ」問題と呼び，この問題の存在を会計専門職として公式に認識しようとしたのである。

さて，コーエン委員会は，自らの任務について以下のように記述している[*5]。

> 独立監査人が負うべき責任に関し，結論を示し勧告を行うことである。委員会は，一般大衆（public）が期待または必要としていることと，監査人が達成することのできること，ならびに，監査人が当然に達成するものと期待されていることとの間に，ギャップが存在しているかどうかを検討しなければならない。もし，かかるギャップが存在している場合には，いかにすればその相違を埋めることができるかを決定するための調査が行われる必要がある。

この記述には，コーエン委員会報告書が，監査期待ギャップをどのように定義しているかが含まれている。すなわち，このギャップは，一般大衆と監査人との間の期待のギャップである。また，かかるギャップが存在しているとすれば，それは放置してよいものではなく，埋められねばならないものと認識されているのである。

上記の記述は，コーエン委員会の任務を示すものであり，そこでは上記の監査期待ギャップは存在の可能性があるものでしかない。しかし，委員会はその検討の結果，以下のようにそのギャップの存在を認めるのである[*6]。

> 入手可能な証拠の調査と委員会自身の研究の結果，委員会は，かかるギャップが存在している，と結論づける。

そして監査期待ギャップの解決を目指すならば，ギャップの責任がどこに求

[*5] AICPA (1978), p. xi. 邦訳 xi 頁。なお，以下，本書では必ずしも邦訳書の訳によっていない。
[*6] Ibid, p. xii. 邦訳 xii 頁。

めうるかを考えねばならない。この点について，報告書は以下のように述べる*7。

> しかしながら，主たる責任は財務諸表利用者にあるようには思われない。
>
> 一般に利用者は，監査人の能力と監査人が与えることのできる保証について，合理的な期待を持っているように思われる。唯一の例外は，監査人に対して法的訴訟を起こした人々の主張や，新しい形態の情報に監査人の責任を拡張する提案がなされている分野における若干の利用者の期待のなかに，時々見受けられる監査人の責任の過大視である。
>
> 利用者の期待は，一般的には合理的であるが，多くの利用者は監査人の役割と監査人が提供する業務の性質を誤解しているように思われる。

ここではまず，監査期待ギャップの理由を財務諸表利用者側に求めることに否定的な見解を示している。すなわち，監査人に対する期待が，一般大衆ないし財務諸表利用者の監査や監査人の役割に対する無理解，誤解によるものと考えることに対して，コーエン委員会報告書は否定的であると考えられる。

しかし，監査期待ギャップが生じた理由を，財務諸表利用者の無理解，誤解，無知に求める考え方は，監査人の立場からはしばしばとられがちな考え方である。この考え方に立てば，監査期待ギャップの解消のためには，一般大衆ないし財務諸表利用者の教育，啓蒙が必要ということになる。しかし，この立場をとらないとすると，監査人は自らの積極的な行動，具体的には，一般大衆ないし財務諸表利用者の期待に応じた形で自らの業務を改革していく必要があることになる。

もっとも，だからといって報告書は一般大衆や財務諸表利用者の期待をすべ

---

*7 *Ibid*, p. xii. 邦訳 xiii 頁。

て受け入れるべきと考えているわけではない。現実には財務諸表利用者の監査人および監査人の業務に対する誤解も多いことを指摘し，教育，啓蒙の必要性を否定しているわけではない。また，裁判を通じて無際限に監査人の責任が拡張されてしまう傾向にも疑問を呈している。

したがって，ここでは監査期待ギャップの原因を，監査人あるいは一般大衆，財務諸表利用者のいずれか一方にのみ見ているわけではない。ただし，ここでの要点は，その中でも監査人側がこのギャップの解消のために積極的な姿勢で臨まねばならないことがコーエン委員会報告書において認識されているということである。

3　コーエン委員会報告書の結論と勧告

コーエン委員会報告書の表題が示しているように，同報告書の主題は監査期待ギャップ問題の認識だけではなく，この問題を前提とした上での会計専門職の姿勢についての「結論と勧告」を行うことである。

報告書は，その結果，結論と勧告を，以下の11点にまとめている。

（1）　社会における監査人の役割

ここでは，社会における監査人の役割を，財務諸表の作成者と監査人の関係において論じている。

> 監査目的としての不正の発見の重要性を軽視しようとする多くの監査人の努力にもかかわらず，もっとも見識のある財務諸表利用者を含む一般大衆の全ての構成員は，不正の発見を監査の必要かつ重要な目的であると考えているように思われる。利用者は，監査人が経営者による不正および違法な行動の双方の可能性に関心を払うことを期待している[*8]。

ここには，監査人と財務諸表利用者を含む一般大衆との間の，不正の発見に

ついての考え方の違いが示され，これは監査人と財務諸表の作成者（経営者）との関係に関わることが示されている。

　ここで，コーエン委員会報告書は，監査人と財務諸表の作成者との関係について，伝統的な「二重責任の原則」を確認し，これを支持する。すなわち，財務諸表の作成責任は経営者（財務諸表の作成者）にあり，監査人の責任は，これを監査し，財務諸表について意見を表明することであるということである。

　したがって，「財務諸表上の言明を決定する責任のすべてもしくはその大部分は独立監査人に負わせるべきであるとする考え方」[*9]についてはこれを否定し，監査人と財務諸表作成者との間の現行の責任分担関係を維持するべきことを結論づけている。

（2） 財務諸表に対する意見の形成

　経営者は会計原則を適用し，財務諸表を作成する際に判断を求められる。コーエン委員会報告書は，この判断の要素を，経営者と監査人の双方が軽視してきたと指摘し，監査人は，経営者の行った判断をそのまま受け入れることなく，その適否を判断しなければならないことを指摘している。

　このために，監査報告書上の，「適正に表示している」（present fairly）という文言は，その意味に実益はなく，より判断の側面を強調する意味からもこれを削除すべきとしている[*10]。

（3） 財務諸表上の重要な未確定事項に関する監査報告

　この勧告は標記のように未確定事項について述べたものであるが，特に企業の継続性（ゴーイング・コンサーン）についての監査人の情報提供に関連している。この点について，コーエン委員会報告書は，財務諸表上での開示の改善の必要性を説き，財務諸表上に企業の継続性についての情報が開示されない限り

---

* 8 　*Ibid*, p. 2. 邦訳 2-3 頁。
* 9 　*Ibid*, p. 9. 邦訳 16 頁。
*10 　*Ibid*, p. 14. 邦訳 26-28 頁。

は，監査人がこれを監査報告書において取りあげることに否定的な見解を示している[*11]。

（4） 不正の発見に対する責任の明確化

監査期待ギャップが認知された最大の要因は，不正の発見への監査の関わりにあった。その意味で，この項目は監査期待ギャップ問題を考える上で重要である。

> 過去10年間の間，独立監査人が発見に失敗した数多くの重要な不正の故に，好意的とは言えない注目が監査職能におけるこの側面に向けられてきた[*12]。

> 監査人の業務を利用し信頼している人の大部分が，不正の発見をもっとも重要な監査目的と位置づけている[*13]。

このように，コーエン委員会報告書は，まず一般大衆の不正発見についての監査に対する期待を述べる[*14]。その上で，SEC（Securities and Exchange Commission；証券取引委員会）が一貫して不正の発見を監査の重要な目的とする立場を取ってきたのに対し，監査人すなわち会計専門職が作成する監査基準は，これについて明確な態度をとってこなかったとする[*15]。

その上で，不正の発見についての監査人の責任に関して，以下のような説明をする提言を行うのである。

> 監査は，財務諸表が重大な不正による影響を受けていないことについて合理的な保証を与え，ならびに，重要性のある金額の企業資産に対する経営者の会計責任について，合理的な保証を与えるよう

---

* 11　*Ibid*, pp. 29-30. 邦訳55-57頁。
* 12　*Ibid*, p. 31. 邦訳59頁。
* 13　*Ibid*, p. 31. 邦訳60頁。
* 14　*Ibid*, p. 31. 邦訳60頁。
* 15　*Ibid*, pp. 31-35. 邦訳64-65頁。

企図されねばならない。

> 財務諸表監査において，独立監査人は，不正の防止を目的とした統制やその他の手段の適切性に関心を払い，不正を調査する義務を負い，また，専門職としての技量と注意を働かせれば通常発見できるであろう不正は発見することを期待されねばならない[*16]。

一方で，監査人が全ての不正を発見できるとは期待できず，特に疑いを持てないような経営者と第三者との間で行われた共謀による不正は，発見は不可能とする。

> 社会は，いかなる専門家に対しても完璧な結果を求めてはいない[*17]。

このため，会計専門職にとって，不正の発見に関する注意の基準が必要だとし，以下の点を含む基準の改善の勧告を行っている[*18]。

- 依頼人について，新契約の締結，既存契約の継続を判断すること。これは，問題のあるクライアントとは契約しない，あるいは契約を打ちきることを求めたものである。
- 経営者が不誠実な場合には対策を講じること。監査人が健全な懐疑心を持って経営者に対することの必要性を述べている。
- 経営者不正の兆候を示す状況を観察すること。経営者を不正に走らせるような企業環境を含めた状況観察を監査人に求めている。
- 内部統制の調査と評定を拡大すること。
- 不正および不正の発見方法についての情報を作成し広めること。かかる情報を会計事務所が交換できるような体制づくりも求めている。
- 個々の監査技術および監査技法の欠陥に注意すること。伝統的な監査技術

[*16] *Ibid*, p. 36. 邦訳 69 頁。
[*17] *Ibid*, p. 37. 邦訳 71 頁。
[*18] *Ibid*, pp. 37-40. 邦訳 71-77 頁。

の見直しと新たな監査技術の開発も求めている。
- 監査契約上の限界を理解すること。限定的な監査契約では，不正の発見はほとんどできないことを述べている。

（5） 企業の会計責任と法

この項目は，違法行為について取り扱ったものである。

> 違法もしくは疑わしい行為の発見と開示についての，財務情報利用者の期待は不明確である[19]。

> 違法行為の発見と開示に関する監査人の責任は，あまり明確ではない[20]。

> 委員会は，もう1つの専門職，すなわち法曹界の構成員の知識，技量ならびに経験を必要とするような責任を，監査人が負うことは非効率で実行不可能であると確信する[21]。

このように，コーエン委員会報告書は，違法行為の発見，防止についての監査人に対する社会の期待は不明であるとし，また監査人の能力の面からも，この点を監査人の責任として捉えることに必ずしも積極的でない見解を示している。ただし，「しかしながら，監査の過程で職業専門家としての技量と注意を行使すれば通常発見できるであろう違法もしくは疑わしい行為については，独立監査人は発見しなければならない」とする[22]。

（6） 監査人の役割の境界とその拡張

この項目は，社会から監査人に対して新たな役割が求められた場合にどうす

---

[19] *Ibid*, p. 42. 邦訳81頁。
[20] *Ibid*, p. 43. 邦訳83頁。
[21] *Ibid*, p. 45. 邦訳87頁。
[22] *Ibid*, p. 47. 邦訳91頁。

べきかについて述べたものである。

この問題について，コーエン委員会報告書は，基本的には，その能力の範囲内であれば，かかる要求，期待に応えるべきであるとしている[*23]。しかし，「委員会は，監査人が関与する情報は会計および財務的性質をもつ情報に限定されるべきであると確信する」とし[*24]，会計，財務情報以外の情報の監査にまで拡大して会計専門職が携わることには否定的である。ただし，レビューという形で，中間財務情報や四半期情報へ監査人が関わることは否定せず，可能であるとしている[*25]。

（7） 監査人から利用者への伝達

監査期待ギャップを縮小する上で，監査人から利用者へ伝えられるメッセージ，情報が重要であることはいうまでもない。これは，監査報告書，特に制度監査にあっては標準化された短文式監査報告書によってなされるわけであるが，コーエン委員会報告書は，この標準監査報告書がメッセージを伝えるものとしては不十分だとする。そして，30年にわたり改訂されてこなかった標準監査報告書の改訂を勧告している[*26]。

（8） 監査人の教育，訓練および能力開発

この項目は，監査人の教育，特に会計研究者，大学との連関について述べたものである。会計研究者が，会計専門職の教育に必ずしも関心を持っていない現状を指摘し，会計（専門職）大学院（アカウンティング・スクール）の設置によってこれを解決すること[*27]，公認会計士の資格を持たない会計研究者を，準会員のような形で会計専門職団体に迎えることが勧告されている[*28]。

---

*23　*Ibid*, p. 53. 邦訳 103 頁。
*24　*Ibid*, p. 58. 邦訳 112 頁。
*25　*Ibid*, pp. 66-67. 邦訳 129-131 頁。
*26　*Ibid*, pp. 75-76. 邦訳 146-147 頁。
*27　*Ibid*, p. 90. 邦訳 173-174 頁。
*28　*Ibid*, p. 91. 邦訳 175-176 頁。

(9) 監査人の独立性の維持

この項目は，特に監査人の独立性の維持とコンサルティング業務との関連を述べたものである。また，監査報酬の決定や，監査人の定期的交替制度についての見解を述べている。特に後者については，監査費用の増大と，クライアントとの有効な関係の維持が困難になるという観点から，これを行うことに否定的見解を示している[29]。

(10) 監査基準の設定過程

アメリカでは，監査基準の設定は，会計専門職団体（アメリカ公認会計士協会）によってなされてきたが，この監査基準の設定過程について述べたものである。コーエン委員会報告書は，この点について，現行の監査基準の設定過程には欠陥があり，改善は必要なものの，会計専門職から監査基準の設定権限を他に移すことには否定的見解を示している[30]。

(11) 監査実務の品質を維持するための専門職の規制

会計専門職は，基本的に自己規制により監査業務の品質を維持してきた。たとえば連邦政府がこれに代わって会計専門職を規制するという考え方については，コーエン委員会報告書はこれに否定的見解を示している[31]。しかし，監査の品質を維持するために，会計事務所のピア・レビューとその改善の必要性は特に強調されている[32]。

4　おわりに ——コーエン委員会報告書の意義——

コーエン委員会報告書が監査期待ギャップ問題の理解について果たした役

---

[29] *Ibid*, p. 109. 邦訳 211 頁。
[30] *Ibid*, p. 131. 邦訳 256 頁。
[31] *Ibid*, p. 151. 邦訳 293-294 頁。
[32] *Ibid*, pp. 145-147. 邦訳 280-284 頁。

4 おわりに

割，監査論上の意義はもはやここで改めて確認するまでもないほど明白である。第一に，同報告書は，監査人に対する訴訟の多発を，監査が社会の期待に応えていない，という現象として捉え，ここに監査人と一般大衆，あるいはそのより具体的な監査関係者としての財務諸表利用者との間のギャップを見，これを監査期待ギャップと名付け，問題として認知した。

第二に，監査期待ギャップの縮減に向けた勧告を多角的な検討の上で行った。そしてこれらの多くは，その後の監査実務と監査基準の設定に世界的に多大な影響を与えることとなるのである。

しかしながら，もちろん，監査期待ギャップという現象それ自体は，コーエン委員会報告書以前に存在していたことは明らかである。コーエン委員会報告書は，それを確認し，認知し，名付けたにすぎない。また，コーエン委員会報告書以後の監査期待ギャップ問題の展開もまた重要である。さらには，監査期待ギャップそのものが，どのような構造から生じるのかについては，コーエン委員会報告書においても必ずしも明確な答えは示されていない。

コーエン委員会報告書は，確かに監査期待ギャップ問題の出発点であった。しかしそれは概念的な認識の出発点であって，現象としての出発点ではない。この問題を考えるとき，我々はこの問題の真の出発点を探るために，まずは過去に遡った検討が必要であろう。また，監査とは何か，という困難な問いに対しても一定の見解を持っておく必要がある。そしてさらには，この問題が現代にどのように展開し，あるいは未来にどのように展開するのかを見る必要があり，そのためには，コーエン委員会報告書以降の監査期待ギャップ問題の経緯を検討しなければならない。

本書は，監査期待ギャップ問題が認知されたコーエン委員会報告書の検討から出発したが，そこでの期待ギャップ問題の理解を念頭に置いた上で，上述のような問題意識を持って，以下これらを順に検討していくこととする。

第 2 章
不正と監査の歴史的連関
―監査期待ギャップはなぜ生じたのか―

1 は じ め に

　第 1 章でみたように，監査期待ギャップ問題の存在が認識されたのは，1978年に発表されたコーエン委員会報告書においてであった[*1]。ここでコーエン委員会は，期待ギャップを「監査人が現実に行っていることと財務諸表利用者が監査人に対して抱く期待」の間のギャップとしている[*2]。そして，そのギャップの原因として不正の発見に対する監査および監査人の責任の問題を重視し，この問題への監査および監査人の積極的な対応を求めている[*3]。

　あらためて確認すれば，上記で認められた監査期待ギャップは，不正問題について生じたものである。そもそもコーエン委員会は，1960 年代から 70 年代にかけての監査人への訴訟の多発という現実を背景に組織されたものであった。すなわち，企業の不正を監査において発見できなかったことに対する法廷

[*1] AICPA (1978), p. xi-xii. 邦訳 xii 頁。吉見 (2003), 127 頁。
[*2] *Ibid*, p. xi. 邦訳 xii 頁。その後みられるものも，多少の違いはあるが，大意はほぼこれと同様と考えられる。たとえば，Guy and Sullivan(1988) は，「一般大衆および財務諸表利用者が会計士および監査人が責任あると信ずることと，会計士および監査人自身が責任あると信ずることとの差異」とする (Guy and Sullivan (1988), p. 36)。ここでは，監査に期待を持つ者として，財務諸表利用者と共に一般大衆が挙げられていることが特徴的である。また，Power (1997) は，「一般大衆が期待すること（不正の発見）と監査人が遂行していると主張すること（『適正性』や『真実かつ公正』といった概念に訴えた，財務諸表に対する意見）との間のギャップ」とする (Power (1997), p. 22)。ここでは，一般大衆の監査への期待が不正の発見にあることを明示していることが特徴的である。
[*3] AICPA (1978), section 4. 邦訳第 4 章。

での監査人に対する責任追及に対し，不正の発見は監査の第一義的な目的ではないとする監査人側の主張が多くの場合には認められず，監査人が多額の損害賠償責任を負うという状況への対応が，コーエン委員会報告書における監査期待ギャップ問題の認識であり，不正の発見に対する会計専門職の積極的姿勢の表明であったのである。

とすれば，監査期待ギャップという用語をもってこの問題が認識されたのがコーエン委員会報告書においてであったとしても，監査期待ギャップ現象そのものはそれ以前に存在していたことになる。それはどのようにして存在し，あるいは存在し得たのであろうか。

この問題を理解するには，まずもって不正問題と監査との連関を理解しなければならない。そこで本章では，監査の歴史を不正問題の観点から改めて概観することとする。

2　原初的形態の監査

そもそも，会計専門職および監査の両者が社会に広く展開するのは，19世紀におけるイギリスであって，さらにその原初は14世紀のイギリスに求められる[*4]。

Littleton (1933) によれば，イギリスで14世紀に始まった会計監査は，以降16世紀にわたってほぼ同様の形で行われていた[*5]。まず，監査は公的部門すなわち都市などの会計について始まり，16世紀には，荘園の会計においてこれが展開される。これらのいずれにおいても，会計上脱漏がないかを監査人が批判的に聴取することで監査が行われ，そこに虚偽の意図がないかが検討された。そして，これは「ともに会計担当者の責任を照査することが監査の焦点で

[*4]　ここにいう監査の原初とは，監査人という立場の者が監査を行ったことが資料的に確認できるものを指しており，後述のように，これ以前に監査が行われていなかったことを意味するものではない。

[*5]　Litttteton (1933), chapter 16. 邦訳第16章。

あって，それ以上にではなかった」のである*6。

ここでは，この時代の原初的な監査について2点の特徴点を確認しておくことが重要である。

第一は，少なくともこの時代からは監査人を置いた監査が行われていたことである。

監査が行われる最も初期的な段階では，たとえ監査が必要であっても，社会に「監査人」の仕事を持つ者を恒常的に置いておく必然性はないと考えられる。なぜならば，この段階では，会計主体の規模も小さく，従ってその扱う金額も少額であり，つまりは会計的認識の絶対量が少ないため，これに対する監査の活動量も相対的に少ないからである。すなわち，監査による認識は会計的認識の事後に証拠に基づいて集約的に行われるものであって，会計的認識に必要な時間よりも少ない時間で行われる。会計的認識の量が少ない場合には，それに応じて監査的認識の量も少なくなる。これは，監査人を常置するほどにはその活動量は多くないことを意味する。すなわち，社会的に「監査人」なる役割の者をあらかじめ準備しておく必然性が生じないことになる*7。

つまり，Littleton (1933) が指摘する14世紀以降の状況は，都市の発達と荘園の発達によって，監査人を常置する必要が生じるほどまでに会計的認識主体における会計的認識の量が増えたことを意味している。監査人の常置は，監査人の社会的地位を生み，監査人の社会的独立性の要求を生むことになる。その後，17世紀から18世紀にわたって，企業の発達に伴って監査の中心は都市へ移り，18世紀以降の会計専門職としての会計士の発達と彼らによる監査の実施，という形態に展開することになる。

すなわち，ここでは，会計的認識主体における会計的認識の量の増大が，監査的認識の量の増大を生み，これが一般社会における監査人の必要性に展開して，監査にとっては社会的独立性を確立する必要性という新たな監査上の質的

---

*6 *Ibid.* 邦訳378頁。
*7 会計的認識と監査的認識の関係は，監査の理論的構造を理解することにつながる。この点については，第5章で詳述する。

展開をみせることになるのである。

　第二の特徴は，にもかかわらずこの段階では，監査の目的に変化はないことである。すなわち，14世紀のイギリス監査にみられるごとく，監査の目的は会計的認識の正しさを確認することであり，会計的認識に不正や誤謬が含まれていないかどうかについて監査的に認識することにあった。このように，原初的には，監査はそもそも不正や誤謬の発見にその目的をおいて始まったことは間違いのないところであると考えられる。そこでの監査方法は，帳簿記録の査閲や会計的認識を行った者からの聴取であり，不正や誤謬の発見，すなわち，会計的認識の正しさの証明という目的のために，必然的に精査で行われた。これは，後のイギリス監査の特色ともいわれる精密監査に結びつくことになる。

　精査によれば，会計的認識の結果について満遍なく監査証拠が収集されねばならない。しかし少なくとも，この段階では会計専門職という社会的に独立した監査主体の確立によって，そして彼らをして精査による監査に専従させることによって不正の発見，防止という監査の目的を充足できる程度の会計的認識の量であり，これに応じた監査的認識の量であったのである。

3　資本の集中と監査目的の変化

　産業革命以降，資本の集中，株式会社の発展に伴って，企業規模は飛躍的に拡大する。これは会計的認識の質と量に劇的な変化をもたらすことになる。イギリスおよびアメリカにおける鉄道業や鉄鋼業の発展は，多くの新たな会計実務を生み出すこととなった。たとえば，19世紀後半に急速に進んだ製造業の巨大化は，製造工程の複雑化と原価計算の発展をもたらした[8]。また，多くの固定資産を必要とする鉄道業の発達は，アメリカでは1857年の恐慌もあいまって，鉄道会社における監査の必要性を確立させた[9]。

　このことは，監査による認識にも再び大きな影響を与えることになる。第一

---

　[8]　*Ibid,* chapter 21.
　[9]　中村（1997），126頁。

に，会計的認識の量の増大は，精査による監査という従来の監査方法では時間的にも物理的にも監査的認識を不可能にした。いかに監査的認識が会計的認識よりも集約的であるにせよ，かつ専門家である会計専門職をこれにあてたにせよ，それをもってしても従来型の精査では監査的認識が行いえないほどに会計的認識主体の会計的認識の量が多くなってしまったということである。

　第二に，監査的認識の主たる方法は，上記のように精査による証拠の入手であったが，この証拠が，必ずしも物的証拠によれなくなったことである。すなわち，会計的認識主体においては，株式会社形態による資本の集中が起こった。これは固定資産への巨額の投資を可能にすると共に，その資金を提供した株主への配当計算を必要とすることとなり，このことは企業の継続性を前提にした期間損益計算の重視につながった。この結果，会計的認識上は，減価償却を前提とした固定資産の計上という固定資産認識の質的転換がなされ，しかもこれが恒常的に，期間損益に大きな影響を与えるほどの金額となるのである。

　減価償却計算は，一定の仮定に基づく計算でしかない。耐用年数も，残存価額も，対象となる資産の実際の使用年数や処分価額を必ずしも反映するものではない。このことは，監査的認識からは，減価償却対象となっている固定資産の会計的認識の結果を，物的証拠をもって再認識することはできないことを意味する。つまり，具体的にいえば，財務諸表上に計上されている固定資産の（減価償却累計額を控除した）帳簿価額の適正性は，対象となる固定資産を実査しても証明できない。ここでの監査的認識は，上記のような仮定の適否を判断することに止まらざるを得ず，またかかる仮定は，実際には一定の基準に基づいて立てられることになるため，監査上はかかる基準の適用が正しく行われているか否かの検証，すなわち基準への準拠性の検証が行えるにすぎない。つまりここでは，会計的認識による固定資産の価額を物的証拠による監査的認識で検証することを，監査自身が放棄したことになる[*10]。

　以上のような結果，監査は従来行ってきた精査による方法を改め，統計的手法に基づく試査による方法を採らざるを得なくなり，かつ準拠性監査に移行した監査を行わざるを得ないこととなった。いわゆるアメリカ式の現代財務諸表

監査の成立である。このことは，単に監査の手法の転換に止まらず，精査を必要とした不正，誤謬の発見及び防止，すなわち会計的認識の正しさの証明という，監査が長く持っていたその目的の転換を意味していた。そしてここでは，周知のように，会計的認識の結果である財務諸表に対する監査人による意見の表明，すなわち適正性監査が，この新たな監査の目的となった。このように，ここには監査の質的な変化が存在していたのである。

監査の目的がここで大きく変化した以上，この段階で監査の社会的役割が終焉するという可能性もあったように思われる。しかしながら，現実にはもちろんそのようになったわけではない。その理由は，第一には，かかる変化はある日突然に生じたものではなく，会計的認識の変化に応じて徐々に生じてきたものであることがある。これは，一般にかかる重要な変化をある時点で一斉に受容する機会がなかったことを意味する。第二には，かかる監査の目的の変化にもかかわらず，依然として監査を求める需要が存在したことである。それはもちろん，企業が資本を集める際に監査人による監査報告書が有益かつ必要であり，資本の集約にあたってむしろ監査が社会によって必要とされるようになったということである。しかしながらこのことは，歴史的に連続した監査の必要性の中で，上記の第一の理由から，「会計的認識の正しさの証明」から「会計的認識の適正性についての意見表明」への監査の目的の変化が，社会一般には認識されなかったという結果を招来したのである。

---

*10 いうまでもなく，理論的には，固定資産に対して物的証拠をもってその価値を監査的に認識することは可能である。すなわち期末に，当該固定資産の市場における売却可能価値を個別に他の専門家による鑑定等を利用して見積もるといった手続を行えばよい。ただしこのような場合には，いうまでもなく，減価償却を通じた固定資産価値の会計的認識の結果と，監査的認識の結果は，恒常的に異なることになる。これは監査による会計的認識の否定に他ならない。減価償却という会計的認識が社会的に受容されるとすれば，これを前提に監査の側がその認識方法を変化させねばならなかったことは必然であったといえよう。

4 おわりに —— 準拠性の重視と監査人に対する訴訟 ——

　20世紀前半の世界大戦の経験は，戦後，アメリカ会計におけるいわゆる「会計原則運動」を生んだ。すなわち，大恐慌をも生起した20世紀前葉の企業不正，倒産の理由として，会計原則の不備が指摘され，この結果，アメリカでは詳細な規定を持つ会計原則が，会計専門職から距離をおいた「社会的に独立した」設定主体によって設定される，という方向が採られるのである。

　このことは，この段階では企業不正の発見，防止ができなかった原因が，監査に直接的に求められるというよりは，会計原則の不備に求められたことを意味する。もちろんその中には，会計原則の設定主体が会計専門職から「独立した」第三者機関に移されるという，企業不正を防ぎ得なかった会計専門職に対する事実上のペナルティも含まれてはいた。しかしこのことは一方で，かかる会計専門職から距離をおいた設定主体による会計原則への準拠性が，監査における重要な要点となる傾向を加速した。平たくいえば，詳細に定められた会計原則への会計的認識の準拠性が確かめられれば，監査上は適正と意見表明できると考えられるようになったということである。

　20世紀後半，より具体的には1960年代後半以降にアメリカで多発した，企業不正と倒産の発生に伴う監査人への訴訟に際して，監査人側が会計基準への準拠性と適正性監査の意義を主張したのは，監査人側からみた監査の展開を考えれば当然といえる。しかし，かかる主張は訴訟の場においては必ずしも認められず，監査人は多くの場合そこで敗訴し，多額の損害賠償責任を負うこととなった。ここでは，監査人に企業不正，倒産の発見，防止の責任を求める社会的要求が改めて確認され，かつそれは会計基準への準拠性を確認するということでは満たし得ていなかったのである。

第3章
欧米における監査期待ギャップ問題の萌芽
― 企業不正事例と訴訟 ―

1 はじめに

　第1章および第2章でも指摘したように，コーエン委員会報告書において会計専門職により監査期待ギャップ問題が現象として認識され，その対応の必要性が認識されたのは，企業不正事例や倒産事例の発生とこれら事例に関わった会計専門職である監査人に対する損害賠償請求訴訟という現象によってのことである。すなわち，特に一般大衆による監査に対する期待の発現とは，特に欧米においては法廷という場においてみられたことといえる。

　このことについての問題点はある。すなわち，法廷は法律の論理が展開される場であって，そこで示される司法判断は法律専門家による法的判断であっても必ずしもそれが一般大衆の認識と一致する保証はない。社会の変化が，時として判例に反映されることは事実であるが，法律の変化が社会の変化を反映していないこともしばしばであろう。この場合，司法判断は，それが法律に厳密に基づいて行われる限りにおいては社会の変化を反映しえない。

　とはいえ，裁判の場では，司法判断が心証の形成過程である以上，常識による判断がしばしばなされるのもまた事実である。さらには，アメリカにおける陪審裁判制度は，その功罪はともかく一般人の常識を法廷に導入することとはなっている。結果として，特に監査期待ギャップ問題に関しては，本来は曖昧模糊としてとらえようのないはずの一般大衆の監査に対する「期待」が，監査に対する「判決」，「判例」という司法判断の形で具体的にとらえられることとなったのである。

26　第 3 章　欧米における監査期待ギャップ問題の萌芽

　この傾向は，ヨーロッパにおいてもみられたことであった。本章では，アメリカおよびイギリスを中心としたヨーロッパにおける監査期待ギャップ問題の認識が，上記のような企業不正事例にかかる訴訟の場においてであったという事実認識から，欧米における監査期待ギャップ問題の認識へいたる道筋を重要な事例を中心に検討することとする。

2　アメリカにおける企業不正と訴訟
―― コーエン委員会報告書以前にみる監査期待ギャップ問題 ――

　アメリカにおいて，監査人を相手取った重要訴訟事例を抽出することは容易ではない。その数はあまりに多く，またそれぞれに異なる重要性を持つからである。もっとも，アメリカにおける不正事例研究は比較的進んでいるといえる。それは，監査上重要な意味を持つ事例が生じた場合に，SEC を中心としてかかる事例の検討がなされ，公的にもその結果が公開されていることに起因する。SEC が公表してきた，「会計連続通牒」（Accounting Series Releases；ASR）はその意味で重要な文書である。また，わが国に比べれば，裁判が迅速であり，何らかの司法判断にいたる事例が数多くあることもその 1 つの理由といえる。

　ここでは，これらの中から，監査期待ギャップ問題にとって重要と考えられるものを数例に限りかつ概略的に検討することとする。

（1）　ウルトラマーレス事件

　ウルトラマーレス事件は，監査人から真実かつ正確（true and correct）であるとの監査済み貸借対照表を得ていた会社に融資したウルトラマーレス社（Ultramares Corp.）が，当該企業の倒産にともなって，1926 年，この監査をなしたトウシュ・ニーベン（Touche, Niven & Co.）会計事務所を相手取って損害賠償請求訴訟を起こしたものである。本事例で，会計事務所は重大な過失を認められたわけではないが，一部の賠償を行っている[*1]。

本事例は，以下の点で重要である。第一に，従来，監査人が負う責任は，契約関係のある依頼者に対してのみあると考えられてきたのに対し，裁判所は重大な過失がある場合には，契約関係にない第三者に対しても損害賠償責任を負うと考え得るとする判断を示し，事実上，監査人の負う責任範囲を拡大した。すなわち，監査人は依頼者である財務諸表情報作成者のみならず，財務諸表情報，監査情報の利用者に対しても損害賠償責任を負う可能性があるということである。

第二に，本事例は後の投資家保護を目的とする法定監査制度制定以前のものであり，その制度制定の契機となったことである。本事例後の 1933 年に有価証券法（Securities Act）が，そして 1934 年には有価証券取引所法（Securities Exchange Act）が成立した。ここでは，同法の適用を受ける企業の財務諸表に対して，独立公会計士（independent public accountants）の監査証明の付与が求められた。これにより，現代に至る証券取引法に基づく強制的財務諸表監査が始まり，会計専門職による監査の事例が量的に大きく拡大したのである*2。

第三に，第三者に対して損害賠償責任を負う可能性のあるかかる監査の導入にあって，本事例が，監査人が監査報告書に「意見を表明する」という文言を使うようになる契機となったことである。すなわち，事実の証明ではない意見の表明を特徴とする近代的財務諸表監査の成立は，ウルトラマーレス事件への対処の1つであったとみることができるのである。

(2) マッケソン・ロビンス事件

本事例は 1938 年に発覚した，マッケソン・ロビンス社（McKesson & Robbins, Inc.）の私消，粉飾決算事例である。この事例では，内部統制に欠陥があったにもかかわらずその評価が十分ではなかったこと，当時の通常の監査手続にも欠陥がみられたことが問題となり，その後これらに対する対策，すなわち，基準等の整備が進められた。

---

*1 鳥羽（1987），353-356 頁，千代田（1987），53-54 頁，高柳（1993），192-193 頁。
*2 千代田（1984），第 7 章参照。

1939年には，当時のアメリカの会計専門職団体であったアメリカ会計士協会（American Institute of Accountants；AIA）が監査手続委員会（Committee on Auditing Procedure）を設置する*3。同委員会は，この後監査手続書（Statement on Auditing Procedures；SAP）を発表することとなり，監査基準の体系的な整備が行われた。

このうち，マッケソン・ロビンス事件への直接的な対応としては，1939年にAIAから「監査手続の拡張」*4が公表されている。ここで特徴的なことは，財務諸表の正確性について経営者の責任を強調し，会計士が意見表明を行う監査は，不正の発見についてはこれを主たる目的としないこととされていることである*5。

これに対して，SECはマッケソン・ロビンス事件に基づきこれを検討するために発表された1940年のASR第19号において，監査人に経営者不正を含む不正発見が期待されていることを指摘している*6。

マッケソン・ロビンス事件の重要性は，これを契機に会計専門職が，監査において不正の発見をその主目的としないという立場を，自ら作成する監査基準上で明確にしたということである。そして，たとえば1960年のSAP第30号に見られるように，以降この立場が堅持されていくことになる。対して，一般大衆ではないが監査情報の利用者であるSECは，一貫して監査人に対して不正発見を期待するのである。たとえばそれは，1974年のASR第153号にもみ

---

*3　千代田（1984），305頁，千代田（1998），221頁。

*4　AIA(1939).

*5　ここでの不正の内容については金銭の使い込みが例に出されている程度で不明瞭であるが，千代田（1998）は，経営者不正をも含んでいるものと理解している（千代田（1998），219頁）。対して盛田（1994）は，ここでの不正は従業員不正のみを指すとしている（盛田（1994），120頁）。確かに，AIA（1939）が不正への対応として内部統制の整備を強調する点は，従業員不正の問題と直結するが，本稿では，AIA（1939）がマッケソン・ロビンス事件への対応として発表されたという理解から，経営者不正をも広く念頭に置いて書かれたものと考える。

*6　Wallace (1995), pp. 263-264. SEC, ASR No. 19, 1940. 八田進二訳「会計連続通牒第19号」（鳥羽至英，村山徳五郎責任編集『SEC「会計連続通牒」①』中央経済社，9-24頁所収）。鳥羽（1987），356-363頁。

ることができる*7。

ウルトラマーレス事件とマッケソン・ロビンス事件は，いずれも第二次世界大戦前に発生した事例であり，これらを契機に近代財務諸表監査が成立したという関係をみることができる。これは同時に，不正発見についての期待ギャップが拡大する契機ともなったということである。しかしながら，監査期待ギャップ問題が会計専門職自身によって問題として捉えられるには，1960年代以降の訴訟の多発を待たねばならない。

(3) バークリス事件

1960年代にはいると，企業不正や倒産により財務諸表情報および監査情報利用者が監査人を損害賠償請求訴訟で訴える事例が多発するようになる。この状況は70年代にまで継続し，この間，監査人は多くの訴訟事例において敗訴し，多額の賠償責任を負うこととなる。ここでは，その中で代表的な事例を取りあげる。

バークリス事件は，倒産したバークリス社（BarChris Construction Corp.）の社債権者が，1962年，ピート・マーウィック・ミッチェル（Peat Marwick Mitchel）会計事務所を相手取って，有価証券報告書における重要な虚偽記載を理由に損害賠償請求訴訟を起こしたものである。本事例について1968年に下った判決では，資産の過大表示と負債の過少表示について監査人の過失が認定された*8。

本事例は，当時の会計基準の不明瞭さに起因する部分があり，このため本事例後にAPB（Accounting Principles Board；会計原則審議会）オピニオン第5号の発表などの対処が行われている。

本事例の重要性は，1933年有価証券法の下で，監査人の責任が判決上明瞭

---

*7　SEC, ASR No. 153, 1974. 八田進二訳「会計連続通牒第153号」（鳥羽至英，村山徳五郎責任編集『SEC「会計連続通牒」②』中央経済社，1-31頁所収）。

*8　Wallace (1995), pp. 270-271, Knapp (2001), pp. 403-410. 千代田（1987），132-133頁，高柳（1993），195-196頁。

に問われた嚆矢となる事件であったことにある。ウルトラマーレス事件にあっては，監査人の過失は判決上は認定されなかったが，バークリス事件ではウルトラマーレス事件後に制定された有価証券法に基づいてこれが判決上認定されたことになる。

（4） コンチネンタル・ベンディング・マシン事件

本事例は，1966年，コンチネンタル・ベンディング・マシン社（Continental Vending Machine Corp.）の財務諸表監査を行ったライブラント・ロスブラザース・アンド・モンゴメリー（Lybrand Ross Bros. & Montgomery）会計事務所の3名の公認会計士が，詐欺共謀により刑事告発された事例である[*9]。

本事例では，コンチネンタル・ベンディング・マシン社の経営者が，子会社を利用して資金操作した資金を個人的な株式投機に私消して回収不能となり，この結果コンチネンタル・ベンディング・マシン社が倒産したものである。この際，監査人は資金の回収可能性を認めて適正意見の監査報告書を提出しており，かつかかる個人的な資金の流れについて財務諸表上での開示が不十分であったことを指摘され，この点が詐欺共謀とされて監査人に対する刑事訴追に至ったものである。

1969年の判決では，3名の公認会計士に対して罰金刑の有罪判決が下された。すなわち，本事例では公認会計士が刑事上有罪とされた点で重要な事例である。また，会計事務所も損害賠償金の支払いを行っている。

本事例の判決によれば，経営者に不正の意図が見られる場合には一般に認められた会計原則や監査基準への準拠性の確認では適正意見表明には十分ではないこと，経営者の誠実性を確認することも監査人の責務であることを示し，法廷によって「監査責任が拡張された」[*10]のである。本事例後，監査基準書（Statements on Auditing Standards; SAS）第5号の発行にみられるような，監査

---

* 9　Wallace (1995), pp. 269-270. 鳥羽 (1987)，364-372頁，千代田 (1987)，133-136頁，高柳 (1993)，197頁。

*10　高柳 (1993)，197頁。

基準および会計基準の再検討が行われた。

(5) エール・エクスプレス事件

本事例は，エール・エクスプレス（Yale Express）社の粉飾経理にあたって，同社の株主および社債権者が同社の監査人であったピート・マーウィック・ミッチェル会計事務所を相手取って 1967 年に損害賠償請求訴訟を起こしたものである[*11]。

本事例にあっては，監査人は当初（1963 年）は粉飾経理に気づかなかったものの，後に（1964 年）これに気づき，しかしながらその事実を 1965 年まで公表しなかった。法廷では，監査人が監査証明後に気づいた事実について，その公表と過年度の財務諸表の修正が必要か否かが争われた。本事例は，和解により会計事務所側が損害賠償金を支払って解決し，判決には至っていないが，その過程で上記の公表，過年度修正義務が法廷により確認されている。この結果として，監査手続書（SAP）第 41 号の公表が行われたとされる。

(6) エクイティ・ファンディング事件

1973 年に発覚したエクイティ・ファンディング事件は，投資信託証券の販売を行うエクイティ・ファンディング（Equity Funding）社と同社を中心とした保険，証券などのグループ企業による詐欺事件である[*12]。

本事例では，架空契約，生命保険証書の偽造，架空資産の計上などが，多様な方法でコンピュータを駆使して行われていた。その規模は，架空資産だけでも 1 億 4,300 万ドルに及ぶとされるが，監査人は長年この不正を見抜けなかった。エクイティ・ファンディング・グループ各社の監査は，異なる会計事務所

---

*11 Wallace (1995), pp. 264-265, Knapp (2001), pp. 415-421. 千代田（1987），132 頁，高柳（1993），196 頁。

*12 SEC, ASR No. 196, 1976. 八田進二訳「会計連続通牒第 196 号」（鳥羽至英，村山徳五郎責任編集『SEC「会計連続通牒」③』中央経済社，77-86 頁所収）。Wallace (1995), p. 267. 鳥羽（1987），372-383 頁，千代田（1987），138-140 頁，高柳（1993），200 頁。

が担当していたが,特にエクイティ・ファンディング社の監査を行っていたウルフソン・ウェイナー・ラトフ・アンド・ラピン (Wolfson, Weiner, Ratoff & Lapin) 事務所は,きわめて杜撰な監査を行っていたとして強く非難された。1975年には,3名の公認会計士が実刑判決を受けるとともに,本事件に関係した会計事務所は総額4,400万ドルに及ぶ損害賠償金の支払いに応じている。

本事例は,その不正の規模の大きさと,監査が不正の発見についてはまったく機能しなかったという事実により,アメリカにとって当時きわめて衝撃的な事件であった。1974年には,本事件に関する調査報告書が公表されている。

上記のような1960,70年代の企業不正の多発は,会計専門職に対する訴訟を引き起こし,刑事,民事の両面で大きな負担を強いる結果となった。これに対する会計専門職の対応は,法廷にあっては不正の発見は監査の第一義的な目的ではないことを主張し,そして,事例の事後には,監査基準等の改訂,制定によって対応する,というものであった。すなわち,不正の発見についての自らの責任は積極的には受容せず,生じた問題に対しては会計基準ないし監査基準の不備の問題としてこれらの整備,詳細化によって対応するというものである。しかし,かかる対応によっても,訴訟の数が減少することはなく,会計専門職の負担を減らすことはなかったのである。

3　イギリスにおける企業不正と訴訟

アメリカと同様に,ヨーロッパにおいても企業不正問題に関連して訴訟が生じている。それはアメリカほどに顕著ではなく,また法廷,裁判のありかたもアメリカとは異なることは事実である。しかし,アメリカの状況を対岸の火事として傍観することなく,欧州各国においても監査期待ギャップ問題を自らの問題として捉える契機となり,かつ期待ギャップ問題がグローバルな問題として捉えられることとなったという点で,ヨーロッパにおけるかかる事例の意義は大きい。ここでは,アメリカと同様に会計専門職と証券取引法監査の重要性

が大きく,したがって監査期待ギャップ問題も同様に認識されたイギリスの事例を検討する。

(1) カパロ・インダストリー事件

カパロ・インダストリー（Caparo Industries）社は,フィデリティ（Fidelity）社の株式を保有しており,1984年度の財務諸表をもとに公開買付を行ったが,カパロ社の予想に反して株価は低迷し,買付を行ったカパロ社は損失を被った。

これに対し,カパロ社は84年度の監査を行った監査人に対して,フィデリティ社の財務諸表は実際には損失であったものが利益が計上されていたという不適正なものであったのに,それが監査上指摘されなかったために損害を被ったとして損害賠償を求める訴訟を起こした。この訴訟の要点は,これから買付を行うであろう潜在株主であるカパロ社に対して,監査人が責任を負うべきか否か,という点である。これについて,イギリス上院は潜在株主などの第三者の立場にある監査情報利用者に対しては,監査人は注意義務を負わないとする判決を下し,これが確定している[*13]。

本事例は,一般大衆の監査に対する期待,といっても,その期待に直接的に応える責任（注意義務）が監査人にはなく,すなわち,この期待を満たさなかったからといってもそのことで賠償責任を負うものではないことを裁判所が示した点で重要と言える。

しかしながら一方で,監査人は監査済みの財務諸表情報を利用する第三者に対して責任を負っている,あるいは負うべきであるとする考え方はなくなったわけではなく,さらに後述のキャドベリー委員会報告書においては,カパロ社の判決の結果,逆に監査に対する一般の信頼が失墜したともされている[*14]。

---

*13 イギリスでは,上院が最高裁判所を兼ねている。したがって,ここでの上院の判決は,最高裁判所における判決と理解することができるものである。

*14 The Commission on the Financial Aspects of Corporate Governce (1992),邦訳50頁。

（2） ポリー・ペック・インターナショナル事件

ポリー・ペック・インターナショナル（Polly Peck International；PPI）社は，食品，電器，レジャーなどを業種とする企業グループの持株会社であり，その傘下には食品のデルモンテ（Del Monte）社や音響機器の山水電気などを擁していた。

PPIは，その株価の上昇により資金調達をし，傘下企業を増やしていったのであるが，1990年に株価は急落し，10億ポンドの負債を抱えて破綻した。しかしながら，そのわずか数週間前には，帳簿上は2億ポンドの利益を計上していた[*15]。この間，監査人は特に問題点の指摘は行ってこなかったが，実際には海外への資産移転など不正な会計処理が行われており，また特にキプロス，トルコにおける事業については，その実情が不明なままであった。

PPI事件は，傘下企業の買収に伴って計上された無形資産（のれん代）の過大評価の問題も含んでおり，本書第9章で述べる無形項目（intangibles）の監査という現代的な観点からも注目すべき事例である。

（3） BCCI事件

BCCI（Bank of Credit and Commerce International）は，1972年にパキスタン人により設立された国際的な銀行である。設立はルクセンブルクでなされたが，その後アブダビ，シャルジャー，ドバイなどのアラブ諸国，ロンドン，ルクセンブルクなどに支店を展開し，特に金融の中心地ロンドンを拠点に活動することとなった。また後に東京にも支店を有していた。

同行は，1991年に破綻するが，その前後に様々な不正が明らかになっている。その内容は，麻薬，武器，汚職等のための資金の洗浄（マネー・ロンダリング），特定企業への不正融資，情報機関やテロリストへの送金，そして粉飾経理である。

粉飾経理に関連しては，ケイマン島などに設立された子会社を通じて複雑な

[*15] *The Accountant,* No. 5908, May 1996, p. 6.

会計処理がなされていたが，ヨーロッパとケイマン島では前者がアーンスト・ヤング，後者がプライス・ウォーターハウスと別個の2社の会計事務所によって監査が行われていた。86年には，アーンスト・ヤングがケイマン島の監査ができないことを理由に監査人を辞任し，以降はプライス・ウォーターハウスのみがBCCIの監査を行った。この際，87年から89年の監査報告書は，同事務所から適正意見が出されているが，結果的にはこの時にはBCCIは粉飾経理を行っており，同事務所はこれを見逃し続けたこととなった[*16]。

プライス・ウォーターハウスは，91年の監査報告書ではBCCIの詐欺的な取引を指摘しているが，これはすでにイングランド中央銀行等からのBCCIの問題点の指摘がなされる中でのことであった。プライス・ウォーターハウスは，BCCIにかかる監査について，総額140億ポンドにのぼる損害賠償請求訴訟を起こされるに至っている。

（4） マックスウェル事件

1992年，イギリスのメディア王と呼ばれたロバート・マックスウェル氏の息子，ケビン・マックスウェル氏による，グループ企業の年金横領事件が発覚した[*17]。ロバート・マックスウェル氏は，自身の持つ持株会社（非公開）の下に400社以上の株式を有し，特に主立った企業としては，マックスウェル・コミュニケーション（Maxwell Communication）社や新聞のミラー・グループ・ニュースペーパーズ（Mirror Group Newspapers）社などを傘下に有していた。

本事例では，ミラー社の年金資産から1億2,200万ポンドが系列会社の負債の補塡に流用され，詐欺容疑でケビン・マックスウェル氏が訴追されたが，同氏は96年に無罪判決を得ている。

ミラー社の監査は，クーパース・アンド・ライブランド（Coopers &

[*16] Beaty and Gwynne (1993)，邦訳110-111頁。
[*17] マックスウェルはこのように人名であり，またグループ内の一企業名でもあるが，一般的にこの事例はマックスウェル事件（Maxwell Affairs）と呼ばれているため，ここでもその表記に従った。

Lybrand）会計事務所が担当していたが，同社からの資金の流出を発見することはできていなかった。またこの事例では，複雑な金融取引が裁判を複雑化させ，かつ一般の陪審員では判断が困難であったといった裁判そのものの問題も指摘された。

　イギリスにおいては，上記のように重要な不正事例が90年代初頭に多く勃発している。1960年代から70年代に多発したアメリカに遅れて，監査期待ギャップ問題を示すような訴訟事例が80年代以降にイギリスでもみられ，監査期待ギャップ問題の存在が認識されていったのである。

　第2章でみたように，そもそも監査はイギリスからアメリカへとその実務の中心を移し，グローバル化した経緯がある。歴史は下って，監査期待ギャップ問題も，アメリカで認識され，イギリスに展開し，そしてそれは確実にグローバル化した問題となっていったのである。

4　英米における監査期待ギャップ問題の認識と対応

（1）　アメリカおよびカナダにおける認識と対応

　コーエン委員会は，直接的には1973年のエクイティ・ファンディング事件への対応の1つとしてAICPAが設置したものである。そして第1章でみたように，コーエン委員会において監査期待ギャップ問題が認知されることとなったのであった。

　一方，同じ北米のカナダにおいても，アメリカでの監査期待ギャップ問題の認知を受け，この問題の検討が行われている。すなわちカナダでは，カナダ勅許会計士協会（Canadian Institute of Chartered Accountants；CICA）が設置した「監査についての一般の期待研究委員会」（The Commission to Study the Public's Expectations of Audits），通称マクドナルド（MacDonald）委員会が1988年に報告書を刊行した。この報告書では，社会一般の監査に対する期待について，聞き取り調査などによる現状分析が行われている。

この結果，期待ギャップについては，監査の独立性，専門性，およびディスクロージャーにかかる基準の3つの要因から生じており，これらを強化する必要があるとして提言がなされている[18]。さらに，ある種の期待ギャップは，社会一般が監査人の責任について限定的な知識しか持たないために生じているとし，つまり無知によるギャップの存在も認めたが，そのほとんどの部分について，期待ギャップはかかる無知への教育啓蒙ではなく，会計専門職自身による期待の受容と改善によってのみ狭められるとしている[19]。

また，ここではかかる「期待」については，ほぼ不正に関するものに限定して考えることができることが示されている。その上で，上記に関連して，ある種の期待については，ディスクロージャーの拡大がなされて満たされるものであり，特に，事業の破綻の可能性についての警告に，一般の期待があることを示している[20]。

マクドナルド委員会報告書は，一般大衆の「期待」について広く調査を行っていること，きわめて一般的に監査期待ギャップ問題の理論構造を分析しようと試みた点に特徴がある。このうち後者については，第5章において再検討することとする。

(2) イギリスにおける認識と対応

上述のように，イギリスにおける会計専門職に対する訴訟は，アメリカに比して約10年余遅れて生じた感がある。すなわち，そこではすでに「監査期待ギャップ」という問題が，用語としても認識されている中で生じていたものであることになる。

このような中，Humphrey et al. (1992a) は，上記のマクドナルド委員会報告書の成果を基礎として，イギリスにおける期待ギャップ問題の実態調査を行っている。ここでは，イギリスにおいても期待ギャップ問題の存在を具体的に

---

[18] CICA (1988), Executive Summary, p. 4.
[19] *Ibid.*, p. 4.
[20] *Ibid.*, p. 5.

確認すると共に,期待ギャップの生じる理由を,2つに整理している。1つは,上述の「無知によるギャップ」であり,いま1つは,監査の責任が拡大する中で,一般の期待とそれに対する会計専門職の対応との時間的「ずれ (lag)」によるギャップである[*21]。会計専門職が,前者のギャップを主張してきた中で,むしろ後者のギャップを重視し,そのための会計専門職の対応を求めるのが Humphrey et al. (1992 a) における主張である。

またここでは,一般の期待と専門職の対応の時間的ずれによる期待ギャップ,という論理により,期待ギャップは歴史的な現象として捉えられていることが特徴的である。すなわち,かかるずれは常に生じうるものであって,少なくとも19世紀以降の監査の歴史においてこれらは観察された[*22]。このような観点から,期待ギャップについては,「監査の利害関係者または監査に関心を持つ者である第三者の確信および要求とは矛盾した方法で監査人が行動すること」により生ずる,とする,きわめて包括的な見方が示されている[*23]。このため,特に不正についての期待によるギャップを,近代的監査期待ギャップ (modern audit expectations gap) とも呼んでいる。

Humphrey et al. (1992 a) の研究は,イギリスの最も権威ある会計専門職団体であるイングランド・ウェールズ勅許会計士協会 (Institute of Chartered Accountants in England & Wales) のプロジェクトとして行われた。したがって,これもイギリスの会計専門職団体による監査期待ギャップ問題への対応の1つと考え得るであろう。

また,イギリスにおける会計専門職の対応としては,1991年に財務報告評議会,ロンドン証券取引所および会計専門職諸団体により設置された,「コーポレート・ガバナンスの財務的側面検討委員会」(The Commission on the Financial Aspects of Corporate Governce),通称キャドベリー委員会も重要である。同

[*21] Humphrey et. al. (1992 a), pp. 7-8. および,Humphrey et al. (1992 b), pp. 137-138 も参照。
[*22] Humphrey et al. (1992 b), p. 139.
[*23] Humphrey et al. (1992 a), p. 2. Humphrey (1991), p. 7 においても,多少表現は異なるが同様の見解が示されている。

委員会は，1992年に報告書を公表し，この報告書はコーポレート・ガバナンスの議論の高まりと共にこの分野の先駆的かつ基礎的文献として捉えられている[*24]。

キャドベリー委員会報告書が注目を集めたのは，同委員会の議論の過程で上述のBCCI事件，マックスウェル事件が発生したこととも関係がある。これらの重要な不正事例の発生で，必然的にキャドベリー委員会はこれらを意識した上で報告書を作成することとなった。このため，監査期待ギャップ問題についても同委員会報告書は見解を示すこととなったのである。

すなわち，キャドベリー委員会報告書では，監査期待ギャップを「監査人が現に遂行していることと，監査人が遂行し，もしくは遂行すべきであると考えられていることとの間の相違」としている[*25]。

そして監査期待ギャップを狭めるためには，財務諸表の作成者である経営者（取締役）と監査人との責任関係を明らかにすることが重要であることを指摘する。すなわち，監査人の役割は「財務諸表が真実かつ公正な概観を表示しているかどうかを報告することであり，また，監査は，財務諸表に重大な誤表示がないとの合理的な保証を提供すること」であり，財務諸表の作成や「財務諸表上の数字が正確であるとの絶対的な保証を提供することでもなく，また，当該企業が継続して存在し続けるであろうとの保証を提供することでもない」としている[*26]。

その上で，「財務諸表のすべての利用者に対する監査の価値を高めるとともに，監査を社会の人々の期待に，より密接に一致させるような監査の拡張がなされるべきである」とする[*27]。

キャドベリー委員会報告書における監査期待ギャップの理解は，コーエン委員会報告書における監査期待ギャップの理解に沿ったものであって，きわめて

---

*24 The Commission on the Financial Aspects of Corporate Governce (1992).
*25 *Ibid.* 邦訳49-50頁。
*26 *Ibid.* 邦訳53頁。
*27 *Ibid.* 邦訳53-54頁。

一般的な規定の一例といえよう。また，監査期待ギャップ問題に関連して，監査の拡張を求めているが，監査人と財務諸表作成者（経営者）との責任関係の理解もオーソドックスなものである。したがって，監査の拡張は財務諸表作成者の責任が監査人に移管されることを意味するものではなく，監査の拡張によって，その監査対象たる財務諸表情報もまた拡張されることを意味する。監査の拡張によって監査責任が拡張されるのであれば，同時に財務諸表作成者の責任も拡張されると理解されよう。

5 お わ り に

本章においては，第1章で見たアメリカのコーエン委員会報告書における監査期待ギャップの認識以前から，一般大衆の監査に対する不正発見機能への「期待」は，近代財務諸表監査が不正の発見を第一の目的としないものとして成立している中で確実に存在していたことを見てきた。すなわちそれは訴訟という形で現象化し，その展開はむしろ不正に関する監査期待ギャップを拡大させてきた。そしてついには，それら多くの企業不正事例と訴訟の結果として，監査期待ギャップ問題が認識されたのである。

さらには，かかる現象はアメリカに止まらず，イギリスを典型とする諸国でも認識されたこと，その中で，各国でコーエン委員会報告書以降も監査期待ギャップとは何かを問う様々な試みがなされてきたことを見た。

前節で言及した，Humphrey et al. (1992 a) と同様の研究は，同一のアンケートを利用した共同研究として日本でも行われた。次章では，その結果をみるとともに，イギリスとの比較におけるわが国の特徴を検討することとする。日本においては，欧米諸国でみられたような，訴訟による監査期待ギャップの発現という現象が日本では必ずしも生じていなかったことも事実である[*28]。し

[*28] 監査の失敗を理由に監査人を相手取った損害賠償請求訴訟としては，当時としては1981年に起こった日本コッパース社の事例が唯一の例であった。この事例については，吉見（1999）第9章および吉見（2001 a）第3章を参照。

かし，それは企業不正事例がなかったことを意味するわけではもちろんない。また近年においては，山一證券，日本住宅金融などの破綻に伴って監査人への訴訟が起こされる事例が生じてきており，監査期待ギャップを示す現象については，日本でも欧米と同様の状況がみられるようになってきているのである[*29]。

[*29] 日本で監査が「マイナー」な分野であった状況は変化を迎えていると考えられる。この点については，Yoshimi(2002 d) を参照。

第4章
日本における監査期待ギャップ

1　はじめに

　アメリカやイギリスで訴訟という形で顕在化した監査期待ギャップ問題は，少なくともわが国では同様の形でこれを眼前に見ることはできなかった。もちろん，日本で企業不正や倒産がなかったといえば，それはそうではない。それらの中では，これがアメリカで生じたものであれば，監査人を相手取った訴訟となったと容易に想像がついた事例も少なくはない。しかしそのようにならなかった理由を，日本には監査期待ギャップ問題は存在していなかったからだと結論づけるのは早計である。訴訟は，監査期待ギャップが現象した一形態ではあるが，監査期待ギャップそのものではないからである。
　では，訴訟以外に監査期待ギャップ現象あるいは「期待」そのものをみる方法にはどのようなものがあるだろうか。1つの方法は，実態調査である。この方法は，直接的に監査についての考え方を関係者に問うことができる点で有効である。反面，調査の範囲や方法によってその結果が左右される点，国際的な比較が難しい点が問題点として指摘できる。
　もう1つの方法は，必ずしも訴訟とならなかったものを含めた監査事例研究である。特に，会計専門職を相手取った裁判事例の少ないわが国では，新聞記事等のメディアに表れた各事例の検討を通じて，そこでの監査の取り扱われ方を見る方法があると考えられる。もちろん，メディアにおける事例の取扱いは，必ずしも客観的あるいは論理的なものではない。主観的，感情的な記述も少なからずあることは事実である。つまり，メディアに表れた「事実」が，事

例を表す真実であるとは限らない。したがって，メディアを通じてみる事例の姿をもってこれを監査理論的に位置づけることには慎重であらねばならない一面がある。

反面，メディアは世論を形成する面も持っている。現代社会にあっては，社会一般が総体として持つ意見を形成する場合においてメディアの果たす役割が極めて大きいことはいうまでもない。この点からすれば，メディアに表れる意見は，社会，あるいは一般大衆が持つ意見とかなりの程度リンクしていると考えることができる。監査に対する一般大衆ないし社会の持つ期待をみようとするとき，メディアを通じた企業不正事例とその監査に対する見解を検討することには，一定の有効性があると考えられる。

ここでは，わが国の監査期待ギャップ問題をみるにあたり，上記の2つの方法，すなわち，実態調査（アンケート調査）およびメディアを中心とした監査事例研究による研究成果を検討し，日本における監査期待ギャップ問題の実態をみることとする。

2　1991年の監査期待ギャップ調査

(1)　調査の概要と背景

1991年に，わが国における監査期待ギャップ問題の現状把握を目的としたアンケート調査が行われた。このアンケート調査は，監査人，財務諸表の利用者（以下利用者とする），財務諸表の作成者（企業の経理担当者，以下作成者とする）の3者に同内容の調査を行うことによって，監査期待ギャップの有無とその特徴を探ろうとしたものである。ここで調査対象に作成者が入っているのは，作成者が監査の依頼者であるとともにしばしば利用者でもあり，その期待は企業外部の利用者とは異なると考えられるからである。

またこの調査は，第3章で言及したHumphrey et al.（1992a）における調査との共同研究の一部として行われている[*1]。このように，国際的に比較可能な調査を行うことによって，前節で指摘した国際比較が難しいという実態調査研

究の欠点をある程度は克服することができるものと考えられる*²。なおわが国におけるこの調査の結果は，吉見（1993）において報告されている。

　調査は1991年の年末にかけて行われた。この時期は，日本の監査を考える上で重要な時期でもあった。まず，日本で初めて監査人の責任が民事裁判で争われた，日本コッパース社の事例において，被告であった監査法人の賠償責任を認める一審判決が出されたのが91年3月であった。この事例では，結果としては95年に二審で監査法人の責任を認めない逆転判決が下されてこれが確定することになるわけであるが，少なくとも，欧米のような監査人に対する訴訟が日本にもみられた最初のケースの判決が，しかも監査人にとっては衝撃的とも言える結果でもって下された直後の調査であったことになる*³。

　さらには，前年の90年にはイトマン事件という大型の企業不正事例があり，91年には日東あられの粉飾決算事件が発生している*⁴。特に監査人にとっては，これらの背景から，企業不正に対する監査のありかたの再検討，および欧米に見られる監査期待ギャップ問題について認識を始めた時期であったと考えることができる。以下の検討にあたっては，かかる時代的背景も念頭においておく必要があろう。

---

*1　イギリス側の研究グループは，クリストファー・ハンフリー（Christopher Humphrey）マンチェスター大学講師（当時，現教授），スチュワート・ターレー（Stuart Turley）マンチェスター大学教授，およびピーター・モイツァー（Peter Moizer）リーズ大学教授であった。この実態調査研究は，ICAEW（イングランド・ウェールズ勅許会計士協会）の補助により行われたものであり，Humphrey et al. (1992 a) はその成果として同協会から刊行されたものである。

*2　Humphrey et al. (1992 a) においては，イギリスの調査結果のみが反映されており，本章で利用する日本の結果は反映されていない。日英比較については，日本側の視点からのみみた暫定的なものではあるが，Yoshimi (1994 b) においてその検討がなされている。また，この調査研究はスペインでも行われており，その結果は，イギリスとの比較を含めて Garcia-Benau and Humphrey (1991) および Garcia-Benau et al. (1993) において示されている。

*3　日本コッパース社のケースについては，吉見（1999）第9章参照。

*4　吉見（1999）参照。

（2） 調査結果の検討と概観

実施されたアンケートは全部で9つの部分に分かれているが，ここでは監査期待ギャップ問題を見る上で重要と思われるものを抽出，再構成してみていくこととする[*5]。

監査人と監査過程に関する見解を尋ねたⅠでは，監査人と被監査会社の関係にかかわる前半の5つの質問について，監査人と作成者の間にギャップが認められないのに比べて，利用者と監査人，作成者の間にはギャップが認められる。これらの質問はいずれも，監査人とクライアント企業との関係に利用者が総じて低い評価しか与えていないことから生じている。また，監査の質にかかわる後半の2つの質問については，監査人と作成者および利用者との間にギャップを見ることができ，監査の質に関する監査人の自負と，これに対する作成者（クライアント）および利用者の評価にギャップがあることがわかる。

Ⅱは，監査人の財務諸表と被監査会社に対する役割に関連している。一瞥して明らかなように，大別される2つの質問のうち前者についてのギャップがほぼ無いのに比して，後者には激しいギャップが見られる。後者のうち，不正の発見や通知，および企業の継続性にかかわる事項については，欧米の訴訟においては期待ギャップ問題の根幹に関わる問題である。これらの項目に日本の監査人が低い評価を与えているのに対し，作成者，利用者は必ずしもそうは考えず，むしろ監査ないし監査人の役割と考えていることがわかる。

Ⅲは，監査法人に対して考えられる規制についての見解を問うたものである。一見して，この項目は3者間のギャップが大きいことを見て取れる。このギャップの原因を分析すると，監査人がそれぞれの規制に対して反対する傾向があるのに対して，他の2者，特に利用者は監査人に対する規制を容認する傾向が大きいためである。なお，最後の質問の法律による監査人の責任限定については，3者に大きなギャップはみられないものの，他と比較すると賛成の傾向が強いところで3者が一致していることが注目される。すなわち，日本にお

　＊5　詳細なデータやアンケート調査の方法，データの詳細および統計処理方法について詳しくは，吉見（1993）および Yoshimi（1994 b）を参照。

表 4-1　日本の監査期待ギャップについての実態調査結果

質問	監査人と作成者	監査人と利用者	作成者と利用者
Ⅰ．監査人と監査過程			
監査の過程は不明確な監査基準のために非常に不十分である。		◎	◎
監査人は過失の追及をされた時，法廷外で解決を図ろうとする。		◎	◎
監査は被監査会社にとって殆ど役に立っていない。		◎	◎
監査人は被監査会社の事業を理解していない。		◎	◎
役員以外の管理職からなる監査委員会が，監査人の独立性を向上させるべきである。		◎	◎
監査期間は一般的に長すぎる。	◎	◎	
監査の質は，監査の専門家が決めて行っている。	◎	◎	
Ⅱ．監査人の役割			
①クライアントの財務諸表に関して次のことを保証するのが監査人の任務である。			
商法に従っている。			○
②被監査会社に関して，次のことを保証するのが監査人の任務である。			
すべての重要な不正は発見する。	◎	◎	◎
内部統制が充分に働いている。	◎	◎	◎
会社の将来性に疑いがない。	◎	◎	◎
会社は，効率的に運営されている。	◎	◎	◎
監督機関に重要な不正はしらせている。	◎	◎	○
貸借対照表は会社の適切な評価を示している。	◎	◎	◎
Ⅲ．監査人への規制の案			
クライアントに経営助言サービスをしてはならない。	◎	◎	◎
利益の獲得を第一にしない。	◎	◎	
全所得の15％以上を一つのクライアントから得てはならない。		◎	◎
監査法人の存続期間の最大限度を決める。	◎	◎	◎
専門的な団体から監査方法についてのチェックをうける。		◎	◎
クライアントとは独立した団体によって監査の指名を受け，監査報酬も決められる。		◎	◎
法律によって監査法人の責任限度を決める。		◎	
Ⅳ．監査人の業務の達成度評価			
問題の有無・所在の診断	◎	◎	◎
問題に対する処方箋の作成	◎	◎	○
情報の獲得		◎	◎
リスクや不確実性に関する対処	○		

質　　問	監査人と作成者	監査人と利用者	作成者と利用者
将来の予想		◎	
利益の獲得		◎	◎
エラーや違反の発見		◎	◎
エラーや違反の予防		◎	◎
職業上の規則の遵守		◎	◎
法律的な要件を守らせる。		◎	◎
判断の正しさ		◎	◎
利害得喪を考えない。		◎	◎
効率の良いコミュニケーション		◎	◎
真実の報告		◎	◎
他の人々の利害に対して公正である。		◎	◎
自分たちの法律上の責任を限定する。		◎	
クライアントに有用な情報を提供する。	○	◎	◎
社会に有用なサービスを提供する。		◎	◎
Ⅴ．事例を出した質問			
①インサイダー取引を発見したとき			
監査報告書に記載	◎		◎
適切な監督機関に報告		◎	◎
②不正の疑いのある項目について，追加費用を理由にクライアントから追加的な監査手続を拒否されたとき			
追加報酬を求めずに手続を追加する。	◎	◎	◎
監査から手を引く。			
③不祥事について，公表を控えるように求められ，公表した場合に監査契約の打ち切りをクライアントから示唆されたとき			
適切な監督機関に報告			◎
監査報告書に記載		◎	◎

（注）　◎は1％水準，○は5％水準で有意な差があることを示す。

いては，法律に依拠して監査法人の責任を限定することに，監査人を含めて賛成する傾向があり，そこには一定の社会的コンセンサスがみられるということである。

　Ⅳは，監査が持つ，あるいは持つと思われている役割についての達成度評価を求めたものである。明らかにわかることは，この諸項目では，監査人と作成者の間にギャップが少ないのに対して，監査人と利用者の間にはギャップがみられ，結果として利用者と作成者の間にもギャップが見られる，ということで

ある。いずれも，監査人が自らの職務達成度を高く評価しているのに対し，利用者はそのようには評価していない（より低く評価している）結果である。監査人が自らの業務を評価するほどには利用者は監査人の仕事を評価していないことがわかる。また，最初の2項目は，問題点の指摘，解決法の指南といったコンサルタント的なサービスの達成度を問うているが，これらについては，作成者の評価も監査人のそれと比して下回っており，利用者の評価はさらに低い。この結果，3者間にそれぞれギャップを生んでいる。

Ⅴは，3つの具体的な事例への監査人の対応の評価を問うものである。3つの事例は，いずれも監査人がその独立性を保つという観点から，クライアントとの関係の中で板挟みの状況にあるという事例である。この結果は，わが国の監査を考えるうえで，興味深い点をみることができる。まず，事例①については，監査人を含めて3者とも監査報告書への記載よりは監督機関への報告の方により高い評価を示している。監査報告書に記載するよりは，監督機関に報告した方がよいという評価である。3者の中では作成者が，この意見がもっとも強いことも興味深い点である。そして監査報告書への記載については作成者の高い評価が他の2者とのギャップを生み，監督機関への報告については，利用者の低い評価が他2者とのギャップを生んでいるのである。

事例②において，追加報酬なしの手続追加については，監査人の評価と利用者の評価はかけはなれている。監査人は行うと考えているが，利用者はその可能性を低く見ている。作成者は監査人に近いものの，その中間にある。この結果，3者間にギャップが生まれている。しかしながら，監査そのものから手を引いてしまうことはないだろうという点では一致している。事例③については，監査人と作成者にはギャップはないが，利用者がやはり低い評価をし，すなわち監査人の行動に懐疑的であるためにギャップが生じていることがわかる。

このほかアンケートでは，監査人がだれに対して責任を負うべきかについての質問があり，ここでは監査人が潜在株主ないし潜在債権者に対する責任について，利用者や作成者よりも低い評価しか与えていないためにギャップを見ることができる。対して，現在の株主ないし債権者に対しては，監査人および利

用者とも責任を負うべきとして一致している。

以上の概観によりわかることは，監査人に比べた利用者の監査に対する評価の低さがギャップを生み，これが日本においては広範な分野にわたっていることである。作成者については，どちらかといえば監査人に近い評価を有しているが，利用者に近い，あるいは両者の中間に位置することも多く，その結果，3者間にそれぞれギャップを見る項目もかなりに及んでいる。

(3) 調査結果の日英比較

先述のように，この調査は日英比較が可能なように構想され，実施されたものである。そこでここでは，これらの結果の比較検討をもとに，特にわが国の期待ギャップ問題の特徴点を4点にまとめて検討することとする。

① 不正の発見・防止

不正の発見・防止については，基本的に日英とも監査人と財務諸表利用者の間にギャップが見られる[6]。ここでは，利用者が不正の発見について監査に寄せる期待の大きさが観察できる。

そもそも監査に不正防止効果を期待できるのかについては，イギリスに比べてむしろわが国の方が監査人，財務諸表作成者，財務諸表利用者の3者を通じてその効果を認めている[7]。では，監査人自身の不正発見に対する姿勢はといえば，逆にイギリスの監査人がわが国の監査人よりも積極的な姿勢をみせている[8]。それは調査において不正の事例を通して尋ねた項目においても表れており[9]，またイギリスの監査人が日本の監査人よりもその監督機関への通告に積極的であることにも表れている[10]。わが国の場合，不正の発見・防止に対する監査の効果についてはそれなりに認めているが，監査人の立場からは，その責任を引き受けることにまだ躊躇があったといってよいであろう。

---

* 6 吉見 (1993)，表2の5，表5の8，9。Humphrey et al. (1993), Table 3 b, 6.
* 7 吉見 (1993)，表1の9。Humphrey et al. (1993), Table 2.
* 8 吉見 (1993)，表2の5，9。Humphrey et al. (1993), Table 3 b.
* 9 吉見 (1993)，表6の2 a，2 b。Humphrey et al. (1993), Table 12.
*10 吉見 (1993)，表2の9。Humphrey et al. (1993), Table 3 b.

② 社会的責任

　監査人は，今後ますます社会的責任の遂行を期待されることがありうる。少なくともアメリカやイギリスでは，会計士は単なる経理専門家としてではなく，高潔な倫理観を持つ専門職としてとらえられている。だからこそ，会計士は独立した第三者として監査人となり，企業内部にも立ち入るのである。企業の大規模化に伴い，今や利害関係者は一般消費者にまで広がりつつある。そして企業は，単に経理上の不正・誤謬以外の点で，社会に大きな影響を与える可能性がある。たとえば，公害や不良製品によってもたらされる被害がその典型である。そのようななかで，第三者であってかかる問題点を最も知り得る立場にあるのが監査人である。一般に，監査人が広く社会的責任を果たすことを求められる所以である。

　社会に対して監査人が責任を果たすには多様な方法が考えられようが，社会に対するサービスの提供について，イギリスの監査人は日本の監査人よりもかなり達成感が強い。これに対して，財務諸表利用者は，日英とも必ずしも高い評価は与えていない[*11]。しかしすでにこの社会に対する会計士のサービス提供可能性は，わが国でも環境監査への会計士の貢献という形で具体化しつつある。環境監査についてはヨーロッパが先駆的といえ，イギリスの監査人の意識にはそのような現実も影響しているであろう。この問題に会計士がより積極的に関与するとすれば，たとえば，企業の環境政策，エネルギー消費量，健康および安全面の事項などの報告が求められる可能性もあり得よう[*12]。

③ **監査人の独立性**

　監査人に対して社会が以上のような様々な期待を寄せるのも，そもそも監査人が独立した第三者の立場にあると考えられているからである[*13]。この独立性は特に財務諸表監査においては重要な要件であることは，本書においても既に指摘したことであって，独立性の保持は，会計士の社会的地位の保持のため

　[*11]　吉見（1993），表5の19。Humphrey et al. (1993), Table 6.
　[*12]　Mitchell et al. (1991), pp. 29-30.
　[*13]　吉見（1988），227頁。

の条件でもある。

　しかしながら，監査人の独立性については，しばしば疑問が呈されてきた。特に財務諸表監査の過程で監査人が財務諸表作成者の立場に立っているとみなされれば，その監査人の独立性には疑義が挟まれるであろう。現実には，財務諸表作成者は，監査人たる会計士にとっては顧客（クライアント）であり，彼らの収入の提供者である。したがって，特に会計士とクライアントの関係が独立性を脅かしやすいのである。この点，イギリスの監査人は日本の監査人よりもクライアントと一定の距離を置こうとする傾向が見られた。特に，特定のクライアントから集中して収入を得ることには日英でかなりの認識の差が見られ，イギリスの監査人の方がかなり否定的である[*14]。イギリスの財務諸表利用者は，この点について厳しい見方をしており，監査人がクライアント寄りであると感じている。ところが日本の財務諸表利用者は，この点についてそうは見ておらず，監査人との意識のギャップも見られない[*15]。

　会計士によるコンサルティング業務の拡大こそ，監査人がクライアント寄りであると見なされ独立性を脅かす大きな要因である[*16]。いうまでもなく，コンサルティングはクライアントの利益拡大のために積極的に会計士自身が関与することになり，会計士がクライアントにきわめて近い立場で業務を行うことにほかならないからである。この点で，イギリスの監査人は日本の監査人よりもコンサルティング業務に肯定的であることが注目される[*17]。さらに，監査人，財務諸表作成者，利用者を通じてイギリスは日本よりも監査人によるコンサルティング業務，そして利益獲得活動一般について肯定的傾向が見られ，また現実に利益獲得に成功していると考えている[*18]。

　そもそも利益への執着に対しては，日英で考え方に違いが出るところであろう。まして独立性を標榜する会計士にあって，わが国では利益獲得を前面に出

[*14] 吉見 (1993)，表4の1，4。Humphrey et al. (1993), Table 5.
[*15] 吉見 (1993)，表1の3。Humphrey et al. (1993), Table 2.
[*16] Mautz and Sharaf (1961), p. 222. 邦訳300頁。
[*17] 吉見 (1993)，表1の10，表5の18。Humphrey et al. (1993), Table 2, 6.
[*18] 吉見 (1993)，表4の3，表5の7。Humphrey et al. (1993), Table 5, 6.

すことは躊躇されるきらいがあっても不思議ではない。しかし現実には，日英いずれにあっても会計事務所におけるコンサルティング業務は拡大の方向にある。監査対象となる企業数は今後大きく伸びることは期待できず，監査業務の拡大によって会計士や会計事務所が利益を拡大するには限度がある。そのため特に近年はこの分野での会計士間，会計事務所間の競争も激しい。したがって将来的には，監査業務が会計士や会計事務所の固有業務として中核をなすとしても，収入面では大部分がコンサルティング業務によりもたらされることになる可能性を否定できないのである。

イギリスの監査人は，それでも自らを利害得失を考えない行動をしていると評価しており，日本よりもその傾向は強い。しかしこの点では，その評価についての利害関係者間の考え方のギャップはイギリスの場合が日本の場合よりも大きいものがある[19]。イギリスの財務諸表作成者や利用者は，監査人の利益獲得活動には理解を示しつつも，彼らが利害得失を考えていないかといえば肯定的な評価はしていないのである。

財務諸表利用者にとっては，監査人がクライアント寄りであるとすれば，かかる監査人の独立性を疑わざるを得ないことになる。むしろ，監査人は常に財務諸表の利用者からの期待に応え，彼らに対して責任を果たしてほしい存在であろう。会計専門職による財務諸表監査の対象が，一般に企業の証券取引である以上，監査済みの財務諸表は，第一義的には投資家に対して供される情報であり，財務諸表利用者としてはまず投資家が意識されるはずである。事実，監査人は投資家からの期待を感じているが，特にイギリスの監査人が日本の監査人よりもそれを大きく感じていることに注目する必要がある。対して，現存の債権者に対しては，日本の監査人の方がむしろ責任を感じている[20]。

日英とも，世界的な巨大証券市場を擁する国であるが，その企業経営にとっての意義には違いがある。すなわち日本の企業経営においては，債権者たる銀行を意識することなく経営が行われることは稀である。対して，イギリスにお

---

[19] 吉見（1993），表5の13。Humphrey et al. (1993), Table 6.
[20] 吉見（1993），表2の2，表4の3。Humphrey et al. (1993), Table 3, 5.

いてはそもそも企業の資金調達における証券市場への依存度が高く，またイギリス経済の脱製造業化が今後も進めば，産業全体に占める金融証券市場の重要性も今以上に増すことが予想される[*21]。ここに，財務諸表利用者として，株主と債権者のどちらを専ら意識するかにつき，日英に違いが出てくるのである。

ところで潜在的な利用者への責任については，監査人は必ずしも積極的ではない。たとえば潜在的債権者に対しては，財務諸表作成者と利用者が，かなり高い責任負担を監査人に求めており，監査人との意識のギャップをみることができる[*22]。これは後述の監査人の責任範囲の限界とも関連するが，想定されるあらゆる範囲の財務諸表利用者の期待を引き受けることは，たとえば監査人に対する訴訟の範囲が広がることにもつながり，監査人としては安易に責任範囲を広げることに疑問を持たざるを得ないのである。

④ 監査人の責任範囲の限定

先に述べたように，監査期待ギャップ問題が顕在化したのは，直接的には訴訟という形で監査人が個人的に責任を問われる事態に直面したことによる。そこでは，監査人が育んできたGAAPやGAASは，訴訟にあっては必ずしも盾とならないことが明らかとなった[*23]。そのような中で，監査人の責任の遂行をいかに保証するか，あるいは，責任の限界をいかに規定するかが今後の新たな問題となろう。

その1つの方法として，法律によって明確に監査人の責任範囲を限定することが考えられる。現在でも，監査人はその責任範囲を間接的，抽象的には法律によって限定されているとも考えられる。この点，イギリスの監査人や利用者は，日本の場合よりも現在法律によって責任が限定されているとはみなしておらず，今後法律によってその責任を限ることに積極的である。逆に，財務諸表

[*21] Hopwood et al. (1990), pp. 82-88.
[*22] 吉見 (1993)，表4の4。Humphrey et al. (1993), Table 5.
[*23] 従来のアメリカのGAAPやGAASは会計監査の限界に力点を置いていた（片木 (1992)，(上) 5頁）。

作成者と利用者は，イギリスの場合，日本よりも法律による監査人の責任限定に否定的である[24]。

これは，大陸法の法体系にある日本と英米法の法体系にあるイギリスとの差異と見ることもできる。特に日本の監査制度は，イギリスのそれに比べれば，はるかに制定法に負う部分が大きく，そもそも会計専門職が法によって守られることへの疑問や抵抗感も少ないと考えられる。

さらに，監査人の責任遂行を保証する今1つの方法として，外部者による会計士や会計事務所，監査法人のチェック，いわゆるピア・レビューが考えられる。また外部者によって合理的な報酬を認定することも考えられる。これらについては，イギリスの監査人は，日本の監査人よりもかかる外部機関によるチェックに肯定的である。これは，監査人のみならず，財務諸表作成者，利用者を通じてその傾向が見られる[25]。もっとも，ここでは外部者のイメージが必ずしも明確にはされておらず，日本とイギリスでは，その想起される内容に差異があった可能性がある。イギリスでは，調査項目からはピア・レビューがまず想起されたと考えられるが，日本ではこの当時，まだピア・レビューの議論は一般的ではなかった。外部者と言ったときに，政府機関のような監督機関を想起していた可能性は十分にある。

⑤ 日英比較の総括

ここでは，全体としてみられる特徴を以下の3点にまとめておく。

第一は，監査期待ギャップ問題は，企業の不正の発見・防止に関連して顕在化したが，ギャップはそれ以外の点についても見受けられるということである。上記のアンケート調査は，不正の発見・防止に関連した事項以外の監査の多面的な事項についての質問を含むが，その結果として広範囲の分野において期待ギャップがみられた。すなわち，現実には，不正の発見・防止以外にも様々な点で監査期待ギャップが存在するのであり，その中でたまたま不正の発見・防止にかかわる期待ギャップが，欧米では訴訟の多発という形で現象し，

---

[24] 吉見（1993），表5の17，表4の8。Humphrey et al. (1993), Table 6, 5.
[25] 吉見（1993），表4の6。Humphrey et al. (1993), Table 5.

注目されたと考えるべきなのである。
　第二は，日本とイギリスを比較すると，期待ギャップの大きさは全体として日本よりもイギリスの方が大きいことである。これらギャップの多くは監査人と財務諸表利用者の間のものである。この結果を単純に理解すれば，日本はイギリスよりもギャップはあるとはいってもその度合いは小さく，日本の利用者は監査人のことをイギリスよりもよく理解しているということになろう。しかしながら，逆に，利用者が監査人に対してそもそもあまり期待をしていない状況下でもこの結果が生じ得る。
　自明のことであるが，期待ギャップが存在するには，監査人への期待の存在が前提条件である。監査人への期待がさして大きくない状況であったり，あるいはその基礎となる監査人の専門的技能への信頼や独立性の認知が社会的に不十分であれば，それに応じて期待ギャップも大きくならないのは当然である。イギリスに比してわが国における会計専門職による監査の歴史は浅く，一般への会計士の認知度もわが国に存在する他の専門職，たとえば弁護士や税理士に比べて決して高いとは言えない。日本にあっては，期待ギャップの解消とともに公認会計士への期待そのものを高める努力も必要な状況にある。この点は，本章第5節において再検討する。
　第三は，監査業務と経済構造との関連についてである。監査人の業務についての質問については，イギリスにおいて監査人と財務諸表作成者のギャップはかなり小さく，現行の監査人の業務については，ある程度作成者の側も理解しているといえる。にもかかわらず不正防止を典型とする将来の監査人の業務やあるべき姿となると大きなギャップが見られる。たとえばイギリスの会計士たちは，自らが提供するサービスの変革と，コンサルティング業務を含めたその多様化を模索している。というのも，イギリスでは従来は製造業が会計士の主たるクライアントであったのに対し，今後は経済のソフト化が進むため[26]，会計士たちは従来提供してきたサービス内容を見直し，たとえばコンピュータ

---

[26] Hopwood et al. (1990), p. 18, p. 42.

技能のような新たな専門技能を身につける必要性が説かれているのである。

わが国では，監査人と財務諸表作成者とのギャップはイギリス以上に小さい。その意味で，わが国では監査人のクライアントとの密着度が強いとも見えるが，反面今後のコンサルティング業務への積極的かかわりについては，むしろイギリスよりも否定的であった。日本経済の現状をみれば，製造業の再構築を模索しつつも現実にはイギリスと同様経済のソフト化が進行しつつある。この状況は，21世紀を迎えた現在でも変わっていない。日本の製造業の産業全体に占める位置は次第に低下し，無形項目への投資の増大，ブランド経営の重視などは，公認会計士がその監査の面でも，コンサルティング業務の面でも，公認会計士が従来の専門技能を大きく変えねばならない可能性は大きい。しかし，それを積極的に模索する必要については，日本では会計専門職全体として差し迫った認識はいまだなされていないように思われる。

究極的には，会計専門職や監査制度のあり方は経済構造に強く影響を受けざるを得ない[*27]。したがって監査期待ギャップ問題を考える上では，経済的な変化の中で，各国の監査に対する社会の期待が変容していくことにも留意しなければならない。

3 その他の監査期待ギャップに関わる実態調査

(1) 1998年の公認会計士に対する期待の調査

盛田・百合野（1998）は，98年に公認会計士監査に対する社会的期待についてのアンケート調査を行っている。ここでの調査対象者は，会計学研究者，公認会計士および会計士補，個人株主，被監査会社である。先の91年の調査と比較すると，会計学研究者および個人株主を調査対象に含めていることが特徴的である。また，被監査会社は，91年の調査における財務諸表作成者と対照しうるものである。

＊27　Hopwood et al. (1990), p.39.

社会での公認会計士の認知度については，これを直接に対象者に問う質問がなされている。すなわちここでは，社会の人々が公認会計士を知っている（と思う）かを，対象者それぞれに問うている。その結果は，株主，被監査会社（企業），会計学研究者はおよそ7割が知っている，と答えているのに対し，会計士は逆におよそ8割が知らない（知られていない）と答えており，認知度の認識に大きなずれがあることがわかる[*28]。もちろん，公認会計士を知っているかどうかについては，公認会計士という言葉を聞いたことがある，というレベルから，公認会計士の仕事内容をよく理解している，というレベルまであり得るわけであり，公認会計士は比較的高いレベルを想定してこの問いに答えた可能性はある。

公認会計士監査への期待については，まず株主については，粉飾決算の摘発25％，違法行為の発見24％，財務情報の信頼性19％，企業存続情報の提供18％，従業員不正の摘発4％，現状維持10％となっている[*29]。なお，この問いについては，現行の公認会計士に付加して期待する役割は，という主旨で問われたもののようであり，上記の内容を第一義的に公認会計士監査に期待する，という意味ではないと考えられる。それを前提に考えても，不正，違法行為に対する監査による関与の期待が大きいことをみることができる。

一方，被監査会社（企業）については，第一義的には財務諸表の信頼性の確保を挙げた者が多いが，副次的な期待（第2位に挙げたもの）となると，違法行為の摘発（社長39％，経理部長36％），各種規定の不備の指摘（社長25％，経理部長43％）となる[*30]。この結果からでは明らかではないが，おそらくはここでは粉飾決算などの経営者不正の発見は含まれていない（経営者自身には聞いていない）ものと思われる。

この調査は，その表題にもあるように公認会計士監査に対する期待そのものを見ようとしたものであって，関係者間の期待のギャップをみようとしたもの

[*28] 盛田・百合野（1998），89頁，図7。
[*29] 盛田・百合野（1998），94頁，図28。
[*30] 盛田・百合野（1998），94頁，図34。

ではない。その意味で，監査期待ギャップを観察するという観点の91年の調査とは主旨が異なるものである。しかしながら，98年の時点でかかる期待がわが国で公認会計士ないしその監査に寄せられていることを見る上で，監査期待ギャップ問題を考える上からも有用なものと考えられる。

（2） 2002年の会計専門職による外部監査についての意識調査

Humphrey et al. (2002) は，2000年にイギリスの会計専門職団体であるイングランド・ウェールズ勅許会計士協会 (ICAEW) の会員に対して，外部監査機能の現代的な性格の変化をどう捉えているかについての意識調査を行ったものである。ここでは，大規模会計事務所（ビッグ5）に所属し監査業務を行っているICAEW会員，ビッグ5でない会計事務所に所属し監査業務を行っている同会員，および，企業等に所属し監査業務を行っていない（監査人ではない）同会員の3グループに分けて比較分析が行われている。

藤田（2003）は，上記の研究との比較を念頭において，日本においても2001年から2002年にかけて意識調査を行っている。しかしわが国においては企業等に所属し監査業務を行っていない会計専門職はたいへん少ないという事情があるため，この部分については企業の会計担当責任者に対してアンケートが行われている。この結果，わが国において監査人（公認会計士）と財務諸表作成者との間の監査期待ギャップを観察できる項目が見いだせることとなっている。

この中で，監査期待ギャップ問題との関係で注目すべき結果は以下のようなものである。

① 財務諸表作成者（企業の会計担当責任者）よりも監査人（公認会計士）の方が肯定的であるという差異がみられた設問
・監査された財務諸表の利用者は，一般的に監査人にあまりにも期待しすぎている。
・会社の経営者は，外部監査人にリスク・マネージメント・サービスの提供

を求めている。
- 監査の失敗容疑のある大きな事件では，監査の規制団体は，直接調査できるようにすべきである。
- 監査報酬が上がるならば，監査人は不正発見にもっと責任を持つだろう。
- 財務の責任者は，外部監査人の責任を負うべきである。
- 誤謬や不正を防ぐには，会社の経営者の責任をもっと強調すべきである。

② 監査人（公認会計士）よりも財務諸表作成者の方が肯定的である差異がみられた設問
- 内部統制の有効性，事業の効率性，規制に対する重要な違反，重要なビジネスリスクの開示
- 上場企業のコーポレート・ガバナンスについては，外部監査人の意見を有価証券報告書に追加記載した方がよい。
- 外部監査人の報告書は重要な誤謬の発見のすべてをディスクローズすべきである。
- 外部監査報告書は，監査のリスクのレベルを詳述すべきである。
- 外部の財務監査の目的は重要な不正を発見することである。
- 監査人は会社の株主以外の利害関係者にたいして報告する法律上の義務がある。

以上をまとめれば，財務諸表作成者は監査人よりも会計情報の開示についてはより積極的であるが，こと不正問題に関していえば，監査人がこれにかかわる責任を負うことについて財務諸表作成者の方がより期待が大きい結果が出ているといえよう。すなわち，2001年の段階でも，わが国に監査期待ギャップが依然存在していることの端緒をここに見ることができるといえよう。

(3) 2003年の会計専門職の倫理に関する調査

八田 (2003) は，国際会計教育協会が2003年1月に行った会計専門職の職業倫理に関する大学生の意識調査の分析を行っている。この調査は，直接的な目

的が会計専門職の倫理にあり，直接に監査期待ギャップを調査したものではないこと，調査対象が会計，監査を学ぶ大学生，大学院生であり，これらを一般大衆として捉えることには難点があることから，この調査結果をただちに監査期待ギャップの現れと捉えることには注意が必要であるが，ここには監査期待ギャップの観点からみて興味ある結果も含まれている。

　第一は，会計専門職に持つ倫理観の印象が必ずしも強くなく，また，倫理の具体的イメージとして，正義感や勇気，潔癖性，誠実性，正直さ，奉仕精神などを持っているという点である[*31]。一般に，アメリカにおいては会計士はこの種の調査では倫理観の高い職業として上位に挙げられる。しかし，わが国においては必ずしもそうではないことが見て取れるようである。また倫理の持つ意味も，アメリカと日本のそれではやはり異なるように思われる。第二に，この調査では，「会計不正の当事者」として監査人を見ていることが示され，監査人のかかる不正問題への責任を重く見ているという結果が出ている[*32]。八田（2003）は，この点については，会計士および会計士業務に対する十分な説明ないし啓蒙が必要とした上で，「会計士に対する強い期待の表れと読み取ることも可能であろう」としている[*33]。

4　企業不正事例からみた監査期待ギャップ

　上記のように，実態調査によれば，わが国にも監査期待ギャップの存在をみることができる。しかしここでは，監査に対する一般大衆からの期待をみることは容易ではない。一般大衆に対してアンケート調査を行うということは現実的ではないし，たとえどのようにサンプルを取ろうとも，それを一般大衆に近づけることは限りなく困難である。結果として，上記のいずれの監査期待ギャップに関わる調査においても，監査に期待を持つ者としては，それを一般大衆

[*31]　八田（2003），67-68頁。なおこの結果は八田（2004）にも所収。
[*32]　八田（2003），69頁。
[*33]　八田（2003），69頁。

と言うには限界があるものとなっている。すなわち，Humphrey et al.（1992 a）と吉見（1993）の調査では，監査に期待を持つ者として主として財務諸表利用者を想定し，具体的な対象としては証券アナリストや銀行の担当者，経済関係のメディア従事者であった。これらは，いわばプロの財務諸表利用者である。また，八田（2003）の調査は会計を学ぶ学生を対象としており，彼らはプロの財務諸表利用者ではないにせよ，何らかの形で会計や監査についての知識を一般よりは多く持つと考えられる。いずれにせよ，これらを一般大衆というには無理があることは事実である。

　先に述べたように，一般大衆の監査に対する期待を見るもう1つの方法として，メディアに表れた監査に対する見解を検討することがある。特に，監査期待ギャップが企業の倒産，不正事例に関連して見いだされてきた欧米の経緯を考えれば，かかる事例についてのメディアの監査に対する見解を検討することが重要であろう。

　吉見（1999）は，かかる観点から，期待ギャップ問題という視点を持ちつつ，戦後のわが国の多様な企業不正事例に検討を加えたものである。本書では，当然ながら各事例について個別に検討を加えることはできないが，ここでの検討の結果，いくつかの点が見いだされている。

　第一に，過去の企業不正事例を検討するとき，「総じていえば，我が国の不正事例にあって，報道上監査ないし監査人が大きく取りあげられるということはやはり稀であった」ということである[*34]。この点は，不正事例の発生にあたって，その責任をだれに帰するかを考えたとき，メディアは必ずしも監査人を想起してはこなかったということである。これは，メディアが不正問題に関する監査人の職能をよく理解していた結果というよりも，次節に述べる監査人あるいは監査そのものへの期待のなさに起因するところが大きいと考えられよう。なぜならば，アンケート調査にみたように，ギャップそのものは比較的会計や監査を知っていると考えられる利用者との間でも観察することができるか

　[*34]　吉見（1999），311頁。

らである。

　第二に，かかる傾向はしかしながら，時代の変化と共に確実に変わってきているということである。吉見（1999）における検討を通じても，監査へのメディアの言及は，時代が現代に近づくほど増える傾向にあった。2003年には，りそな銀行の税効果会計処理についての監査法人の判断が注目され，この判断によって同行は公的資金の注入を受けることとなった。2004年のUFJ銀行の赤字決算の発表にあっても，前年のりそな銀行の場合と同様に，監査法人の不良債権に関する判断が大きな注目を集めている。また日本道路公団の民営化議論にあたっては，その財務諸表が注目され，その監査の必要性が論議された。依頼された監査法人は「監査」ではない検証を行い，このことが逆に監査についてのメディアの注目を喚起した。

　監査人への訴訟事例も，日本住宅金融や山一證券などの上場企業の事例においてもみられるようになっている。「監査人への期待，あるいは社会的認知は確実に増してきているといえる。つまり，期待ギャップ問題も，欧米的なそれへと変化しつつあると考えてよいであろう。」[35] 一方，企業不正事例は，金額の大型化，対象企業の小規模化，国際化（1つの事例が複数の国に影響を及ぼす不正のグローバル化），不正の内容の多様化といった傾向にある[36]。このことは，とりもなおさず監査期待ギャップの大型化，国際化，多様化の問題を生起することにつながることを意味しているのである。

5　無期待ギャップ

（1）　日本における「無期待ギャップ」の可能性と期待の形成

　監査期待ギャップというとき，それは財務諸表の利用者が，監査に対して現実に監査人の行う監査の内容以上のものを期待していることを指す。当然ながらそれは，財務諸表利用者が監査に期待しているからこそ生じるギャップであ

---

　[35]　吉見（1999），312頁。
　[36]　吉見（1999），308頁。

るといえる。それに対して，第2節で見たように，わが国における監査期待ギャップには，必ずしもそのようなものでないギャップが含まれる可能性がある。それは，監査に対してそもそも期待がないことによって生じるギャップ，いわば「無期待ギャップ」である。ここで留意しなければならないのは，これは，いわゆる無知によるギャップではないことである。無知によるギャップは，監査をまったく知らないことによるギャップではない。財務諸表利用者が，監査人が思うようには監査を理解していないことによるギャップを指して，監査人の立場からつけられた期待ギャップの名称である。その意味では，無知によるギャップといっても，財務諸表利用者から見れば監査をある程度は知っており，その意義を認めているのであって，決して真に無知なわけではない。

それに対し，ここでいう無期待ギャップは，財務諸表利用者が監査の何たるかを本当に知らないか，あるいはその意義を認めず，場合によってはその存在を無視してしまっているために生じるギャップである。

このギャップを解消するには，まずは財務諸表利用者に対してそれが監査済みの情報であることの意義をアピールし，監査に対する社会や一般大衆の期待を生み出すことを考えねばならないことになる。監査済み財務諸表情報の利用者は，同時に監査情報の利用者でもある。そのことの意識と認知を図ることが肝要となる。

しかしながら，株式会社における監査制度に限っても，わが国においては証券取引法監査制度，商法監査制度（監査役監査制度と商法特例法に基づく会計監査人制度）と，会計監査制度が複数並立している。これは，それぞれに監査情報の利用者が想定されていることを意味し，一般大衆において監査に対する理解の困難性を増す結果を招いているようにも思われる。しかし逆に言えば，監査の意義をアピールする機会はわが国においては多いということもできる。会計専門職団体である日本公認会計士協会のみならず，監査にかかわる諸団体があげて監査に対する期待の形成に力を入れれば，一般大衆に対して期待を生ませる機会もまた多いということである。

証券取引法監査では，期待の主体となる財務諸表利用者としては，潜在的株主，債権者を含めた投資家が想定される。ここに存在する無期待ギャップは，わが国の投資家は公認会計士の監査に期待せず，あるいは知らないことを意味する[*37]。にもかかわらず，少なくとも現在は，期待を生むための努力は必ずしも十分とはいえない。たとえば，周知のように欧米において投資家に向けて作成されるアニュアル・レポートは，情報量の豊富な冊子であり，まず例外なく，監査人の監査報告書の全文が掲載されている。これに対して，わが国のそれにあたる事業報告書の多くは，特に国内投資家，株主向けのものは簡素なパンフレットであることが多く，監査人の監査報告書が掲載されているものはほとんどないのが現状である。監査への期待の形成には，まずもってかかる監査情報を一般に向けて提供することからはじめねばならない。

　商法監査制度における監査役については，その存在意義が公認会計士以上に従来から疑問視されてきたきらいがある。監査役監査に対して期待する主体は，監査役を選任する株主総会であり，すなわち現在の株主と考えられる。そもそも商法は，株主総会，取締役をそれぞれ立法，行政と考え，これに対して監査役に司法としての役割を想定した，三権分立を考えていたとされる[*38]。しかし，わが国では現実には立法機関たる株主総会は形骸化し，行政機関たる取締役の権限が肥大化している。ここでは実質的には監査役も取締役によって選任され，株主総会はそれを追認するだけの機関となっている。このため，監査役は司法としての独立性を失い，機能を発揮できずにきた。

　監査役制度にかわって導入が認められた監査委員会制度も，今後の展開を見なければその実質的機能はわからない。しかしながら，コーポレート・ガバナンスの重要性が認識される中で，監査委員会の導入を図る企業が社会的に注目を浴びていることは事実であり，これは監査に対する期待を高めるきわめてよ

[*37] 「問われる企業のチェック機能（3）責任果たせぬ会計士」『日本経済新聞』1992年4月23日朝刊。「重み問われる公認会計士」『日経金融新聞』1993年9月10日。森（1992），129頁。

[*38] 友杉（1993），28頁。

い機会であると考えられる。

（2） 証券金融市場改革と監査に対する期待の形成

わが国の財務諸表監査による監査情報が投資家へ向けたものだと考えれば，わが国では他国に例をみない複数の幾重にもわたる監査制度を擁しながら，投資家から監査が十分に期待されていないという状況が生じている。

これは，わが国経済における証券市場の重要性の低さに遠因がある。わが国の投資家の多くは投機株主であり，そのため株主総会において会社経営への株主の関心は低くならざるを得なかった[*39]。ここでは監査役に対する関心が薄くなると同時に，取締役の株主総会支配を促進する。この両者があいまって，株主の監査役や監査委員会への期待をなくしてしまう。証券市場が投機的であるということは，潜在的株主の多くもまたキャピタルゲインを主目的としていることを意味する。特にわが国の場合，多くの一般投資家は証券会社の推奨に従って投資を行ってきた。実際に証券会社の推奨銘柄はほぼ確実に値上がりし，かかる投資家を満足させてきた。それを可能にしたのは，わが国では株式持ち合いが広く行われ，安定株主作りが行われた結果，流通株式が少なく，巨大証券会社の営業政策によって容易に特定株式が価格を上げ得たことと，そして何より戦後一貫したわが国の経済成長による，右肩上がりの株価基調であった。結果として，証券アナリストすら，情報としての公認会計士の監査報告書の意義を認めることは少なかったといえよう。

このように考えれば，財務諸表監査への期待の形成のためには，本質的にはわが国の投機的な証券市場の改革が必要なことがわかる。すなわち，配当を目的とし，あるいは，場合によっては経営権の掌握を目的とする，能動的で機能的な投資家を育てる必要がある。しかしそのためには，前提として幾多の改革を経ねばならない。第一に，流通株式数が増加し，特定の証券会社の推奨程度では容易に株価が上下しない状況を作らねばならない。そのためには，株式持

＊39　山浦（1995），33頁，高柳（1993），50頁。

ち合いが解消される必要があろう。この点については，近年着実にその傾向を見ることができる。第二に，企業の資金調達手段としての証券市場の重要性が増していかねばならない。この点からは，特にベンチャー企業の資金調達手段としての証券市場の重要性を増していくことが必要である。これらに伴って，投資家の企業経営への発言力は増し，株主総会，いわば企業にとっての立法の力を増すことができる。その結果，企業経営に関心を持った機能的な投資家は増していくであろう。当然，彼らの財務諸表への関心は増すであろうし，プロの財務諸表利用者であるアナリストの能力も一層問われることになろう。財務諸表利用者が監査に関心を持つように啓蒙あるいは教育しようとするのは誤りであって，能動的な財務諸表利用者を経済の中で育成することでしか，監査への期待を社会的に作り出していくことはできない。

6 おわりに

　本章では，日本の監査期待ギャップ問題の認知について確認した。会計専門職に対する訴訟という形で監査期待ギャップ問題が顕在化した欧米と違い，少なくとも1990年代前葉までは，日本ではかかる状況は見られなかった。現在でこそ，同様の事例はわが国でもみられるものの，その数は必ずしも多くはない。しかしそれをもってして，わが国に監査期待ギャップ問題は存在していないとしてしまってよいのかどうか，この疑問が本章における検討の出発点であった。

　わが国では，監査期待ギャップ問題は訴訟という形では表面に出ないものの，潜在化した形で明らかに存在している。それは，90年代前葉に行われた実態調査研究でも明らかであるし，その後の関連研究においてもそれは見られるところである。一方で，不正事例の発生にあって，監査人の責任を問う論調は，メディアに現れる限りではやはり必ずしも多くはない。この事実の乖離をどう理解するのかについて，わが国では「無期待ギャップ」というべき独特の監査期待ギャップの様態が存在している可能性を指摘した。

前節でも述べたように，それは監査，会計専門職にとって必ずしも歓迎すべき状況ではないと思われる。また，企業不正事例や倒産，経営難の事例にあって，監査人に対しては従前になく注目が集まるようになってきているのも事実である。わが国における監査人に対する「無期待」の状態は変化しつつある。わが国の会計専門職は，自らに対する期待を自ら育て，受けとめて，わが国社会における確固たる地位を確立することに常に努力しなければならない。

第Ⅱ部　監査期待ギャップ問題の論理と展開

第5章
監査期待ギャップ問題の本質

1 はじめに

　本書第2章でみたように，また，コーエン委員会報告書でも指摘されているように，初期の監査論にあっては，不正の発見が監査目的の1つとして明確に認識されていた。しかしそれは主たる目的から従たる目的に，そして不正の発見について監査人の能力に限界があることを強調する方向へと変化していった[*1]。そしてここに，不正の発見，防止をその内実に持つ監査期待ギャップ問題の発現をみることとなった。

　しかしながら，財務諸表利用者が抱く期待は，必ずしも不正問題に限られるわけではない。期待と現実にギャップがあることは，一般的にいえばむしろ自然なことである。そもそも監査において財務諸表利用者が監査人に対して期待を抱くことが，期待ギャップを生む原因である。とすれば，財務諸表利用者が監査人に対して期待を抱きうる構造の理解こそ，期待ギャップの理解につながることになる。

　本章では，かかる認識のもとで，監査期待ギャップの本質について検討する。まず，監査期待ギャップ問題の本質を理解しようとした先行研究についてとりあげ，概括した後，監査構造そのものを理論的に捉える中で，監査期待ギャップ問題を捉え，それが監査構造そのものに起因する監査にとって普遍的な

---

　*1　AICPA (1978), p. 33-34. 邦訳 64-65 頁。Power(1997) の指摘にあるように，不正の発見が監査の派生的ないし二次的目的になるのは 20 世紀中頃，およそ 1940 年代以降と考えられる（Power (1997), p. 21. 邦訳 31 頁）。

ものであることを明らかにする。

2　監査期待ギャップの分析と拡大 ── 先行研究の検討 ──

(1)　マクドナルド委員会報告書

本書第3章で述べたように，コーエン委員会報告書から約10年後の1988年，カナダにおいてマクドナルド委員会が報告書を刊行した。この報告書は，社会一般の監査に対する期待を広く検討しようとしたところに1つの特徴があるが，この結果，期待ギャップ問題を一般的に分析するという課題にも挑んでいる。監査期待ギャップ問題の本質を分析しようとしたものの1つとしてまずこれを概観することとする。

マクドナルド委員会報告書は，期待ギャップをまず基準ギャップ（standards gap）と業務ギャップ（performance gap）に大別している。前者はさらに，①（一般大衆の）不合理な期待（expectations unreasonable）によるものと，②合理的な期待（expectations reasonable）に分けられ，また後者は，③現実の業務上の欠落（actual performance shortfall）によるものと，④認められはするが現に重要でない業務上の欠落（performance shortfall perceived but not real）によるもの

図5―1　期待ギャップの構成要素

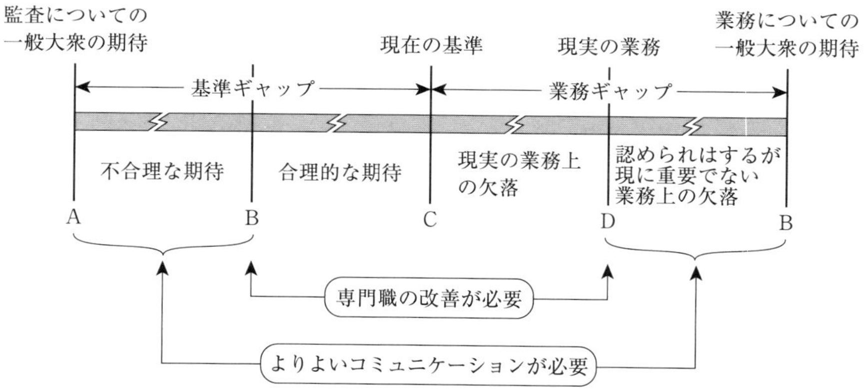

出所：CICA(1988), p. 6.

に分けられるとする（図5-1）。

ここで①と②は，現行の監査基準下では監査人の監査業務に含まれていないものによる期待ギャップである。これら基準ギャップは，基準を拡大することでしか対応できない期待ギャップであるが，①については，いわば一般大衆が監査に対して持つ過剰期待の部分ということになる。③は，現行基準にあるものの監査人の監査業務がこれを満たしていないために生じる期待ギャップであり，④は監査人が業務上なしているにもかかわらず，一般大衆がこれを認識していないがために生じる期待ギャップである。このため，②と③は専門職による改善が求められ，①と④はよりよい一般大衆とのコミュニケーションが求められるとする[*2]。

もっとも，この4つの分類はあくまで質的な分析であって量的な分析ではないことに留意すべきであろう。監査期待ギャップを考えるとき，我々は得てして①や④の可能性を考えがちであるが，マクドナルド委員会報告書では，上記のような分析の上に，現実には監査期待ギャップのほとんどの部分は，会計専門職自身による期待の受容と改善によって狭められるとする[*3]。すなわち，マクドナルド委員会報告書においては，期待ギャップの縮減のためには，②と③を重視していることが理解される。

マクドナルド委員会報告書における期待ギャップの分析は，普遍的に期待ギャップの分析をなそうとしたものとして評価できるとともに，監査に対する期待ギャップを，一般大衆と監査人との間にその原因があるものとみていることに特徴がある。しかしながら，後述のように，監査期待ギャップの原因をこの2者の間にのみみることが適切であるかは別途検討の必要があるところである。

（2） 会計期待ギャップ

期待ギャップ問題というとき，通常それは監査における期待ギャップ問題と

[*2] CICA (1988), par. 1. 20.
[*3] *Ibid,* Executive Summary, p. 4.

捉えられており，本書においても「期待ギャップ」と「監査期待ギャップ」を概念的に区別してはいない。しかし，AAA(1991)はそのような立場をとらない。すなわち，AAA (1991) は，期待ギャップ問題が専ら監査期待ギャップの面からのみ論じられているとし，期待ギャップには監査期待ギャップではない会計期待ギャップ（accounting expectations gap）が含まれることを主張した[*4]。すなわち，会計基準が網羅し得ていない，あるいは不備が認められる会計現象が現に多く存在しており，これらに対する期待が一般大衆にある以上，そこにギャップが存在するとし，これを会計期待ギャップとして監査期待ギャップから峻別するのである。たとえばのれんやブランド等の無形項目がその例としてあげられており，これらを監査することについての期待ギャップは，そもそも会計基準が存在していないために生じているとするのである[*5]。すなわちこれらは，ディスクロージャーの不足，不備による期待ギャップと考えてもよい。

マクドナルド委員会報告書にあっても，会計基準の不備による期待ギャップの可能性は論じられているものの，同委員会報告書における「基準ギャップ」は，主として監査基準が存在しないことによるものを想定していると考えられる。たとえばその例としてはゴーイング・コンサーンの監査がある[*6]。

ただし，もとより会計情報開示と監査が密接に関連していることはいうまでもない。ゴーイング・コンサーンの監査は，わが国でも平成14年の監査基準改訂により導入されたが，ここでゴーイング・コンサーンの開示がそれに先行していたわけではない。むしろ，ゴーイング・コンサーン監査のためにゴーイング・コンサーン情報の開示が求められるようになったという関係を見て取ることもできる。すなわち，期待ギャップの原因には，会計情報開示を行う側，つまり財務諸表作成者が関係するものもありうることを会計期待ギャップの問

[*4] AAA (1991), pp. 82-83.
[*5] *Ibid,* pp. 84-86. 会計期待ギャップについては，杉岡（2002）第2章も参照のこと。
[*6] しかし，監査基準を整備すれば監査期待ギャップが縮減されるかといえば，その点については懐疑的な指摘もされている。「監査基準及び指針は，監査の専門家という概念に関連して専門職の管轄を保つことに資し得るとしても，期待ギャップを縮減することには資し得ない。」（Humphrey et al. (1992 a), p. 11.）

題は示しており，ディスクロージャーと監査が密接な関連を持つ以上，実は監査期待ギャップとして論じられてきたものの中に，AAA (1991) のいう会計期待ギャップが含まれている可能性があることを意味している。

とはいえ，仮に会計基準が存在していなくても実務が先行し，それに対して監査が行われるというケースはまま見られることである。実務上，会計基準のない場合であっても監査人は監査の期待に応えねばならないこともあるのである。そもそも，会計基準が一般に公正妥当と認められる会計実務から帰納的に作成されるとすれば，会計基準は会計実務に常に遅れて制定され，その間は会計基準のない中で監査実務も行われざるを得ないことになる。その意味では，かかる種類の会計期待ギャップは，監査期待ギャップの中に当初から包含されており，それを前提に監査期待ギャップ問題を考察しなければならないはずである。

また，現に会計実務も存在しない事象について監査人への期待がある場合も，その会計基準がないという限りでは「会計期待ギャップ」として捉えられるようにも思われる。しかし，そのようなものの中には，そもそも会計事象として捉えてよいものかどうか疑問を持たざるを得ないものもある。むしろ，会計実務として現にない会計事象というのは，それ自体論理矛盾があるともいえ，したがって，現に存在するような，会計実務が存在しない事象についての監査人への期待，というのは，ほとんどの場合，会計事象以外のものに対する監査人への期待であると考えられる。

第1章で述べたように，コーエン委員会報告書は，特に会計に関連しない事象について会計専門職がその責任を拡張することには懐疑的である。しかし一方で，かかる動きが現にあるのも事実である。この点については第9章で詳述する。

(3)　「時間的ずれ」による期待ギャップと近代的期待ギャップ

第3章でも簡単に指摘したように，Humphrey et al. (1992a) は，期待ギャップを①無知によるギャップと，②一般大衆の期待とそれに対する会計専門職

の対応の時間的ずれによるギャップに大別している*7。会計専門職が①を重視してきたのに対して、ここでは②をより重視し、会計専門職の対応を求めている。

> 期待ギャップは変化する（そして拡張する）一般大衆の要求と、これら要求を満たそうとする監査専門職の対応の間の、認知しうる時間的ずれの回避不能な帰結である。*8

かかるギャップは、歴史的な認識に基づくものといえる。監査に対して一般大衆の期待が常にあるとすれば、監査の歴史とは会計専門職がそれに対応する歴史であったということができる。その対応に時間的ずれが生じるときにそれが期待ギャップとなり、またその時間的ずれが大きければ期待ギャップの大きさも大きくなる可能性があることになる。

ここではもちろん、期待ギャップの内容は不正にかかわるものとは限らない。しかし、「不正は制度監査の歴史の中で常に監査への期待の議論の重要な要素であり続けてきた。」*9 そしてイギリスの場合、「1980年代は、監査人と不正についての論争に歴史的に影響を与えてきたこの問題が蒸し返される証左を生んだ。」*10 このため、不正についての期待ギャップを特に「近代的監査期待ギャップ」と呼ぶ*11。

いうまでもなく、ここでは監査期待ギャップを歴史的現象として捉えることにより、この問題がコーエン委員会報告書以前から継続的に存在していたものとして捉えることに成功している。

---

* 7 Humphrey et al. (1992 a), pp. 7-8. Humphrey et al. (1992 b), pp. 137-138 も参照のこと。
* 8 Humphrey et al. (1992 a), p. 8.
* 9 *Ibid*, p. 12.
*10 *Ibid*, p. 12.
*11 *Ibid*, p. 2.

（4） 監査期待ギャップの拡大と先行研究の総括

既に述べたように欧米においては，監査期待ギャップ問題は訴訟の多発という現象を目前にして認識され，問題が顕在化したわけであるが，わが国ではそのような経緯をたどったわけではない。第4章で検討したように，わが国では，観察される期待ギャップの原因として「無期待ギャップ」の存在の可能性がある。これは結果として，わが国において現象としての期待ギャップを大きくしている可能性が指摘できる[*12]。

一方，現代では監査の現象が財務諸表のみならず様々な分野でみられるようになっている。Power (1994) は，このような現代の監査の状況を「監査の爆発 (audit explosion)」と表現した。上記のように，これまで期待ギャップ問題は専ら財務諸表監査の枠組みで論じられてきたが，現代の監査対象の拡張は，期待ギャップ問題が，財務諸表監査以外の新たに拡張した分野へ波及，拡張する可能性を意味するものでもあることには留意しなければならない[*13]。

さて，以上のような監査期待ギャップについてのこれまでの理解をまとめると，以下のようになろう。

第一に，期待ギャップ問題は，まずもって職業会計人を監査人とする財務諸表監査において確認された。そして，この問題がコーエン委員会報告書において公的に認識された際には，それは不正問題（監査人による不正の発見または防止）への期待がその内容であった。

第二に，期待ギャップといわれるものの中には，会計基準の不備が原因と考えられるもの（会計期待ギャップ）や，監査に対する期待のなさによるもの（無期待ギャップ）が含まれる可能性がある。

第三に，期待ギャップの原因には，監査人が積極的に改善対処することで解消可能なもの，会計または監査基準の改訂によって解消可能なもの，不合理な

[*12] 杉岡 (2002) は無期待ギャップの存在を認めた上で，これを本来の期待ギャップと区分し，監査期待ギャップの持つ2つの側面として理解している（杉岡 (2002)，113-114頁）。

[*13] 吉見 (2002 b) 参照。

78　第5章　監査期待ギャップ問題の本質

ものであって会計（人）または監査（人）の努力によっては必ずしも解消可能とは言えないものが含まれる。ただし，その多くは会計または監査の積極的な関与によって解消可能と考えられるものである。

　第四に，期待ギャップが「期待」によるものであるだけに，その期待は純粋に不正の発見，防止に対するものに止まらない可能性がある。またこのように一般的に期待ギャップ問題を捉えたとき，これはきわめて歴史的ないし構造的な問題である可能性がある。

　第五に，第四の点を念頭に置けば，現代の監査の拡張の状況は，すなわち期待ギャップ問題の拡張を生む可能性がある。

　これらの点を踏まえ，次節では監査期待ギャップ問題を監査構造から理解するよう試みることとする。

3　監査期待ギャップ問題の監査構造的理解

　前節で概観したように，CICA (1988) は，期待ギャップ問題における「期待」をきわめて一般的にとらえようとした。もちろん，そこでは不正の発見，防止への「期待」がまずもって念頭におかれていようことは言うまでもないが，かかる期待ギャップ問題の理解は，「期待」が多様なものである可能性を示すと共に，監査構造の中でこの問題を捉えることの重要性を示すものと見ることができる。そこで本節では，監査の構造から，監査への期待と期待ギャップ問題を検討する。

（1）　会計監査の原初的形態

　現在，一般に監査論と言えば会計監査論を意味することには疑問の余地がなかろう。一方で会計監査以外の監査があることも自明であり，会計監査論を離れてより一般的な監査学の可能性，必要性が説かれることもある[*14]。しかし

---

　　*14　たとえば，鳥羽・秋月（2001）参照。

ながら，監査の最も普遍的，典型的な現象が，会計監査であることもまた事実であろう。したがって，監査の構造，およびその最も原初的形態を考えるときに，会計監査を対象に検討することは理論的にも相当であると考えられる。

会計監査を考える場合に，監査と会計の関係を無視することは当然できない。人類史上，監査がいつに始まるのかは，会計がその原初をどこに持つのかが不明であるのと同様にもはや見いだすことはできないであろう。しかし少なくとも，会計監査を考えるとき，会計なくしてその監査があったとは考えられない。

ここでいう会計とは，一定の会計システムによる会計的認識のことである。一般的には，これらは簿記システムによって認識されると考えられるが，より原初的には，それは必ずしも記録の必要はなく，記憶のレベルでも可能であろう。

いま，ある者が会計的認識を行ったとする。その理由は様々あろう。数量計算による数量的認識が必要だったのかもしれないし，あるいは価値計算によって損益認識が必要だったのかもしれない[*15]。この者が他者との関わりなく単独で会計的認識を行ったとすると，ここには監査の必然性はない。会計的認識のチェックという意味での再計算，ないし検算はあろうが，これは会計的認識の中に組み込まれたものであって，監査ではない。一般には，ヒトが1人の場合にはこれを社会ということはないと考えられるが，この限りにおいて，会計の可能性はあるが監査の可能性はないということである（図5-2）。

次に，会計的認識を行った者Aが，他者Bにその認識結果を伝達する必要が生じたとしよう。ここでは，A以外のもう1人のヒトであるBがAと関係性を持つことになり，これはもっとも単純な社会と考えることもできる。このもっとも単純な社会において，ただAがBに認識結果を伝達するだけならば何も問題はない。Bがそれをどう認識するかはBの自由であるからである。しかし，もしもここでBにAの認識結果を受け入れさせ，つまりAとBと

---

*15 藤田・吉見（1994），第1章参照。

図5−2　単独の会計的認識

A ── 会計的認識 →　会計対象

Aが単独で認識し，伝達の必要がない＝監査の必要なし

図5−3　他者による事後的な会計的認識

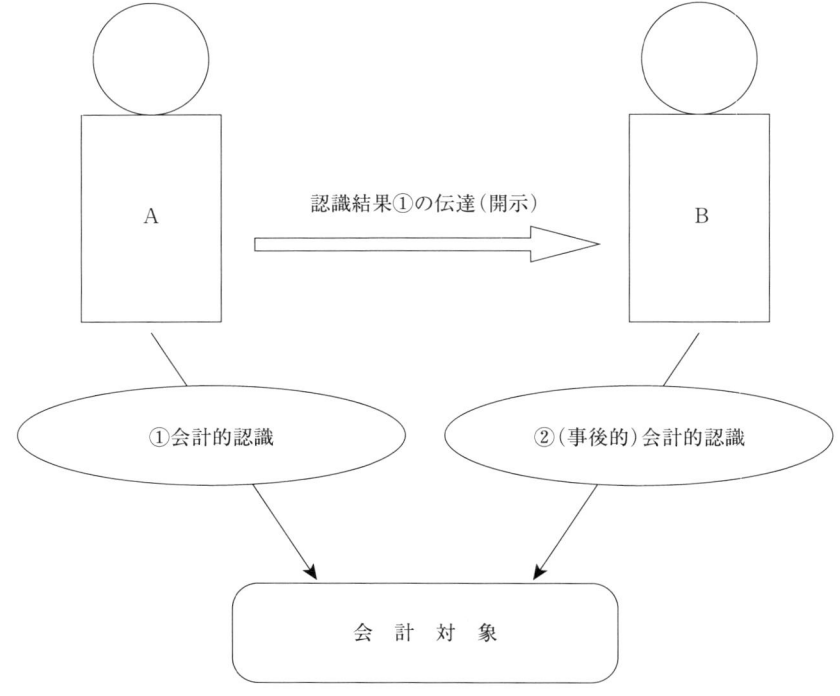

A ══認識結果①の伝達（開示）══> B

①会計的認識　　②（事後的）会計的認識

→ 会　計　対　象 ←

※①と②の認識結果は必ずしも一致するとは限らない。

の間で認識結果を共有する必要がある場合には，問題が生じる可能性がある。なぜなら，BがAの認識結果をそのまま受け入れるとは必ずしも確証できないからである。まず，AはBに対し，自分の認識結果をBが受け入れやすいように説明しなければならないだろう。これを情報開示（disclosure）といってもよい（図5-3）。

しかし，にもかかわらず，Bの認識がAのものと一致しない可能性がある。Bの認識は，会計的認識ではあろうが，Aの認識時点とは別の，事後的な認識である。Aの認識とまったく同じ認識をBがなすことは不可能である。このことから，Bの認識がAの認識と異なることは構造上十分にありうることである。

そこで，A，B両者の認識を一致させるためにCをおく。Cは，Aの認識を再認識し，Bの認識との調整を図る。というよりは，AとBの認識の一致を図ることがそもそもの目的であるから，BがCの再認識を受け入れることを前提とし，Cが再認識を行う構造をあらかじめ作っておく必要がある。すなわち，AもBも，Cの再認識結果を受け入れることを事前に承諾しておく必要がある（図5-4）。

この構造におけるCこそが監査人であり，Cの行った会計的再認識こそ，会計監査による認識である[16]。ここでAやBが，Cの再認識結果を受け入れることを了承する理由は，CがAやBから独立していることにほかならない。この構造は，Bの数が増え，仮に不特定多数になっても有効であって，この場合，Cはそのような多者が存在する社会の中であっても独立であることが重要になる。

（2） 監査構造と期待ギャップ

さて，以上のような監査の基本構造を念頭において，期待ギャップ問題をここに組み入れると，どのようにこの問題が理解されうるであろうか。

---

[16] 吉見（1992）参照。

図 5―4 監査的認識（会計的再認識）

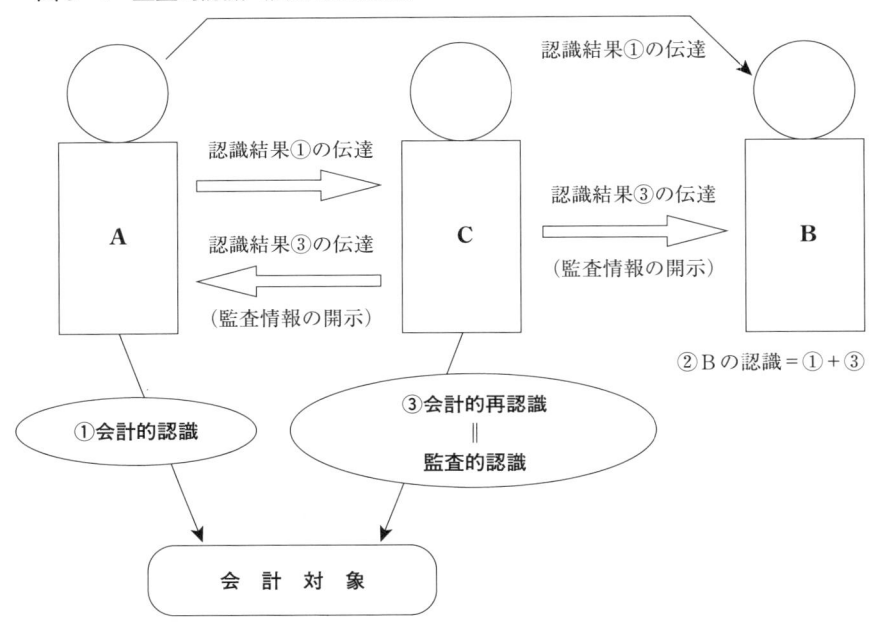

```
        認識結果①の伝達
   A ─────────────────→ C ─────────────────→ B
     認識結果①の伝達         認識結果③の伝達
   A ←───────────────── C                    B
     認識結果③の伝達       （監査情報の開示）
     （監査情報の開示）
                                          ② B の認識 = ① + ③

   ①会計的認識         ③会計的再認識
                          ‖
                       監査的認識

            会 計 対 象
```

※ C による③の認識は，A による①とともに社会的に共有される。

図 5―5 会計監査の原初的形態

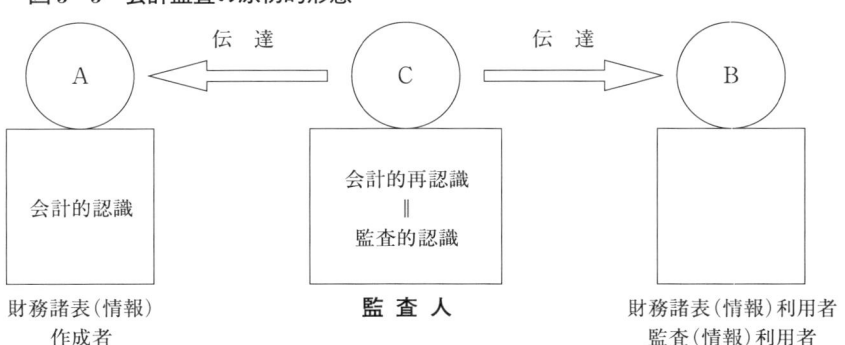

```
         伝 達              伝 達
   A  ←──────────  C  ──────────→  B

  会計的認識      会計的再認識
                    ‖
                 監査的認識

 財務諸表(情報)     監 査 人      財務諸表(情報)利用者
   作成者                        監査(情報)利用者
```

ここで，Aは財務諸表の作成者であり，Bはその財務諸表の利用者ということになる。財務諸表作成者（A）の認識こそ財務（諸表）情報であり，財務諸表利用者（B）がその情報を利用するということは財務諸表作成者（A）の認識を共有することである。ここでは，財務諸表利用者（B）は監査人（C）による会計的再認識（会計監査）の受け入れによって，認識の共有を行うことになる。また監査人（C）については，会計的再認識情報（会計監査情報）の作成者ともいうことができる（図5-5）。

　ここには当然ながら，これら当事者間の情報の交換がある。情報の交換とは，情報の需要と供給に基づいて行われることはいうまでもない。この情報に対する需要とは，情報に対する要求であり，ここに情報に対する期待，あるいはその情報作成者に対する期待が生じるのである。この期待が与えられる情報によって十分に満たされないとき，期待のギャップが生じる。これは，情報の交換にあって必然的に生じる可能性のある期待ギャップであって，ここでは固有期待ギャップと呼んでおこう。

　さてこれを監査構造にあてはめると，財務諸表作成者（A），財務諸表利用者（B），監査人（C）の三者間にそれぞれ相互に期待が生じることになる。しかしながら，このうち財務諸表利用者（B）は専ら財務諸表作成者（A）や監査人（C）の作成する情報の利用者であるという特徴を持つ[17]。そして，情報利用者としてのBは，財務諸表作成者（A）が作成した財務諸表情報の利用者であると同時に，監査人（C）が作成する監査情報の利用者でもあることにな

---

[17] 期待の流れは情報の流れと反対方向に向き，情報の流れの大きさに応じて大きくなるであろう。監査人（C）の作成する監査情報は，監査情報利用者（B）に専ら向けて作成されたものであり，したがって情報の流れと逆方向になる期待の流れもBからCに向かうものが主たるものとなる。しかし，監査情報は同時に財務諸表情報作成者（A）に対しても提供され，利用される。したがって，ここでAがCに対して持つ期待も一定程度あることになる。同様に，CはAの作成する財務諸表情報の利用者でもあるから，CによるAに対する期待も相当にある。これに対して，情報利用者（B）が財務諸表情報作成者（A）および監査人（C）に対して提供する情報は少ない。したがって，財務諸表情報作成者（A）および監査人（C）が彼らの情報利用者（B）に対して持つ期待もまた少ないことになる。

る（図5-6）。

　ここで，財務諸表利用者（B）が財務諸表作成者（A）および監査人（C）の作成する情報を常に同時に利用する者であることが重要である。すなわち，Bは本来，財務諸表情報も監査情報も利用する情報利用者である。理念的には，上述のように情報利用者（B）が財務諸表作成者（A）および監査人（C）に向ける期待を峻別できることになるが，情報利用者（B）が財務諸表作成者（A）および監査人（C）の情報の同時的な利用者であることは，得てして情報利用者（B）の持つ期待には，財務諸表作成者（A）に対するものと監査人（C）に対するものが混在することを生む。すなわち，本来財務諸表作成者（A）に対して持つべき期待が監査人（C）に向けられることも生じる。このずれも，期待ギャップを生むと考えられる。これは，本来はある者に向けられるべき期待が別の者に向けられたがために生じる期待ギャップであり，ここではこれを移転期待ギャップと呼んでおこう。これは，情報利用者であるBが財

図5-6　監査期待ギャップの構造

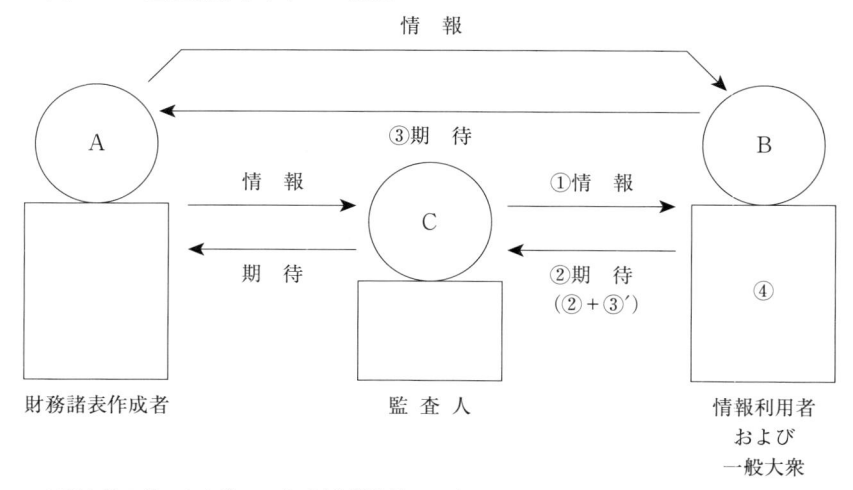

```
                    情　報
        ┌─────────────────────────┐
        ↓                          │
       ( A )      ③期　待          ( B )
        │                            ↑
        │    情　報          ①情　報 │
        │ ──────→  ( C )  ──────→  │
        │                            │
        │ ←──────        ←──────    │
        │    期　待       ②期　待   │
        │                (②+③′)    │
   ┌────┴────┐      ┌───┴───┐   ┌──┴──┐
   │         │      │       │   │  ④  │
   │財務諸表 │      │監査人 │   │     │
   │作成者   │      │       │   │情報 │
   └─────────┘      └───────┘   │利用者│
                                  │および│
                                  │一般大衆│
                                  └─────┘
```

　※①と②の差によるギャップ：**固有期待ギャップ**
　　③の一部（③′）が②に加わることによるギャップ：**移転期待ギャップ**
　　B自身が持つ無期待（④）による①とのギャップ：**無期待ギャップ**
　　①と②+③′+④との差によるギャップ：**監査期待ギャップ全体**

務諸表作成者（A）と監査人（C）の作成する情報の同時的な利用者であるという，監査が持つ構造自体から生ずる期待ギャップとみることができる。

さらには，情報利用者（B）が財務諸表作成者（A）や監査人（C）が提供する情報を無視し，その情報を検討しないまま情報に対して何らかの見解だけを持つ可能性もある。この場合には，いわゆる無期待ギャップが生じることになる。

4 おわりに

以上をまとめれば，ある当事者間で情報の交換が行われる以上，そこには必ず期待があり，したがって期待のギャップも普遍的に存在する可能性がある（固有期待ギャップ）。ここで，情報の流れには大小があり，それに応じて期待および期待ギャップは，その現象としての発現の可能性が高まる。さらには，監査の場合，上記のように情報の利用者が財務諸表および監査情報を同時に利用する利用者であるという固有の構造が，期待を他者に向けるという形での期待ギャップを生むことになる（移転期待ギャップ）。さらには，情報利用者が提供される情報を無視しながら情報に期待する場合にも期待ギャップを生む（無期待ギャップ）。

このような期待ギャップは，情報利用者（B）の性質によってもさらに変化，展開する。すなわち，Bは財務諸表情報および監査情報の利用者であるが，かかる情報利用者は，株主としても，あるいはより一般的に潜在的投資家としても存在しうる。さらには，一般大衆としても存在する。情報利用者（B）が一般大衆として措定されるとき，その情報要求はより多様になり，したがって期待ギャップもより多様化，複雑化することが想定されるのである。

さて，以上の理解を，確認の意味も含めて監査における不正問題への期待について検討してみよう。情報利用者（B）は財務諸表作成者（A）および監査人（C）が作成する情報に対し，常にこの種の期待を持っていた。すなわち，作成された財務諸表情報には不正を含まず，また含んでいれば監査によって発

見される，という期待である。この期待に対し，財務諸表作成者（A）および監査人（C）がまったく情報を提供しないならば固有期待ギャップが生じるであろう。しかし，基本的には財務諸表は不正を含むようには作成されず，また監査も不正を発見しないように企図されるものではない。特に，初期の監査にあっては，不正の発見をその主たる監査目的としていたため，普遍的に生ずる固有期待ギャップは，不正については少なかったと考えられる。

　しかし，20世紀中葉になって，不正の発見が監査の主たる目的からはずされる。監査人（C）は不正についての情報を提供していないわけではなかったが，監査対象の規模的な拡大の中で，相対的に不正についての情報の提供が減っていかざるをえなかったといってもよい。この結果，監査人（C）にとって，不正の発見，防止への期待は，専ら財務諸表作成者（A）に対して向くべきものとなった。しかし，情報利用者（B）は不正についての期待を従前から財務諸表作成者（A）および監査人（C）に同時に持っており，その期待の方向性を変えない。この結果，監査人（C）にとってみればいまや本当は財務諸表作成者（A）に向くべき期待が自身に移転されてしまう。この移転期待ギャップは現象としてきわめて大きなものとなり，ついには監査期待ギャップ問題として認識されるに至ったのである。

第6章

日米における監査期待ギャップ問題への対応
ーコーエン委員会報告書以降ー

1 はじめに

　第1章でみたように，1978年に公表されたコーエン委員会報告書は，監査期待ギャップ問題の理解と認識に極めて大きな影響を持つものであった。その後，各国でこの問題の認識を進める研究が，研究者あるいは基準設定者，そして会計専門職のそれぞれで行われることになる。その一部は，すでに第3章および第5章において示した。

　コーエン委員会報告書の公表によって，監査期待ギャップ問題の認知は行われたが，当然のことながら，それはこの問題の終焉を意味するものではない。1980年代は，会計専門職にとって，むしろ「再び『嵐』の中」[*1]の時代であった。粉飾経理事件を典型とする数多くの企業不正事件が発覚し，ここで監査人は訴えられ，多額の賠償金が課せられたのである。また，1983年には，ローゼンブルーム対アドラー（H. Rosenblum, Inc. v. Adler）事件が発生し，ここではニュージャージー州最高裁が監査報告書上の不正な情報について監査人が第三者に対しても責任を負うとする判決を下した[*2]。これは，第三者としての財務諸表利用者に対する監査人の責任を従来から拡張するものであった。

　かくして，会計事務所は訴訟への対応と賠償金の支払いに追われることになる。1990年には，いわゆるビッグ6に次ぐ全米第7位の会計事務所であった，ラベンソール・アンド・ホワース（Laventhol & Horwath）事務所が連邦破産法

---

*1　千代田（1998），71頁。
*2　千代田（1998），115-116頁。

表6—1 監査期待ギャップ問題にかかる監査略年表

年	事　項	備　考
1887	アメリカ公会計士協会設立	
1926	ウルトラマーレス事件	
1933	有価証券法（米）成立	会計士による監査証明の要請
1934	有価証券取引所法（米）成立	
1938	マッケソン・ロビンス事件	
1939	監査手続委員会（米）設置	マッケソン・ロビンス事件への対応
1939	SAP 1	不正の発見を主目的としない
1948	証券取引法，公認会計士法（日）成立	公認会計士監査は1950年から開始
1960	SAP 30	SAP 1の考えを踏襲
1962	バークリス事件	
1965	山陽特殊製鋼事件	
1966	コンチネンタル・ベンディングマシン事件	
1967	エール・エクスプレス事件	
1971	ASOBAC公表	
1972	FASB設立	
1973	エクイティ・ファンディング事件	
	ウォーターゲート事件	
	APB解体	
1974	商法特例法（日）成立	
	コーエン委員会設置	エクイティ・ファンディング事件への対応
1975	エクイティ・ファンディング事件報告書	
1976	ロッキード事件	
1977	POB設置	
	SAS No. 16，SAS No. 17	不正発見責任には消極的
	コーエン委員会中間報告書	
	メトカーフ委員会報告書	
	海外不正支払防止法（米）成立	
1978	コーエン委員会報告書	
1984	カパロ・インダストリー事件（英）	
1985	ディンゲル公聴会	
	トレッドウェイ委員会設置	
1987	トレッドウェイ委員会報告書	

1 はじめに

年	事　項	備　考
1988	COSO 設置	
	マクドナルド委員会報告書（カナダ）	
	SAS No. 53～SAS No. 61	期待ギャップ基準書
	JICPA『相対的に危険性の高い財務諸表項目の監査手続の充実強化について』公表	監査委員会報告第 50 号，2002 年廃止
1989	監査実施準則改訂	
1990	ポリー・ペック・インターナショナル事件（英）	
	イトマン事件	
1991	監査実施準則，監査報告準則改訂	
	BCCI 事件（英）	
	日本コッパース事件一審判決	監査法人に賠償責任を認める
1992	証券取引等監視委員会（日）設立	
	マックスウェル事件（英）	
1995	日本コッパース事件二審判決	監査法人に賠償責任を認めず（確定）
1997	SAS No. 82	
	JICPA『不正および誤謬』，『違法行為』公表	監査基準委員会報告書第 10 号および第 11 号
1998	日本長期信用銀行，日本債券信用銀行破綻	
2000	オマリー・パネル報告書	
	エンロン事件	
2001	ワールドコム事件	
2002	SAS No. 99	
	監査基準（日）改訂	
	PCAOB 設立	
2003	りそな銀行経営危機	
2004	UFJ 銀行大幅赤字決算	

の適用を申請し，経営破綻した[*3]。多額の賠償金の支払いを抱えたことがその理由である。従来，会計事務所は破綻しないと言われていたが，その破綻が全米 7 位の大事務所に現実に起こったことで，訴訟問題が会計事務所，そして会

---

*3　吉見（1999）参照。

計専門職にいかに大きな影響を与えているかが図らずも示された。

このように，監査期待ギャップ問題は，80年代のアメリカでむしろ大きく拡大する様相を呈していた。一方で，コーエン委員会報告書を受け，監査期待ギャップ問題への対応もまた，この時代に様々な形で図られていったのである。それらはその後，直接間接にわが国をはじめとする他国へと影響を与えていくのである。

ここでは，主としてアメリカと日本について，監査期待ギャップ問題への対応を，会計専門職および基準設定の観点からみていくこととする。それは，監査期待ギャップ問題を縮減するための会計専門職の側の具体的な努力であり，監査期待ギャップ問題によって20世紀後半から現在に至るまでに，監査が大きく変容を余儀なくされてきたことをみることでもある。

2 トレッドウェイ委員会報告書

1985年，AICPAは，アメリカ会計学会（AAA），全米会計人協会（NAA），内部監査人協会，財務担当経営者協会とともに「不正な財務報告に関する全国委員会」（The National Commission on Fraudulent Financial Reporting）を設立した。委員長の名を取って通称トレッドウェイ委員会と呼ばれるこの委員会は，その名称の通り，不正な財務報告の防止と摘発のための方策を示し，全米レベルでコンセンサスを得ることをその目的としていた。そして，同委員会は，1987年に報告書を提出した[*4]。

トレッドウェイ委員会報告書は，当然ながら不正および不正な財務報告に関して，その概要とこれに関わる当事者，すなわち公開企業，公認会計士，SECに対して実務改善のための勧告を行うことがその主たる内容になっている。このうち，公認会計士についてなされた勧告の要点をまとめると以下のようになる[*5]。

---

*4 AICPA（1987）．
*5 AICPA（1987），邦訳第3章。

- 不正な財務報告の発見に対する責任を認識し，監査基準審議会は，このための監査基準の改正を行うこと。
- 不正の発見能力を高めるために，特に分析的レビューの手続の実施の基準を設定すること。
- 監査の質を改善するために，ピア・レビューを行うこと。
- 監査人の役割を財務諸表利用者に伝達するために，標準監査報告書の文言の修正（監査は絶対的な保証を与えるものではなく，合理的な保証を与えるものとする記載への修正，および，内部会計統制の調査と評定の範囲を説明する修正）を行うこと。
- 監査基準審議会（Auditing Standards Board）は，これまでどおりアメリカ公認会計士協会の監督と支援の下におかれるべきであるが，その組織は改組し，公認会計士でない有識者や公共会計実務に従事していない会計士が監査基準の設定に関わるようにすること。

このように，上記の内容にはコーエン委員会報告書において勧告された内容も多く含んでいることがわかる。トレッドウェイ委員会報告書それ自体は，監査期待ギャップ問題に対して直接的に対処，解題したものではない。しかしながら，監査期待ギャップは専ら企業不正問題に関連して生じているのであるから，不正問題に対処するためのトレッドウェイ委員会報告書は間接的に期待ギャップ問題への対処をなしたものといえる。また，上記のように，不正問題に対処するためには，監査の方法を変更したり，あるいは監査基準の設定主体についての再検討をもなすことが含まれている。

3 期待ギャップに関わる監査基準書

(1) 9つの「期待ギャップ基準書」

トレッドウェイ委員会報告書は，上記のように期待ギャップ問題に対して，監査基準上での対応を多く求めている。これを受ける形で，1988年，AICPA

の監査基準審議会は9つの新たな監査基準書（SAS）を公表した。これらの基準書は，コーエン委員会報告書，トレッドウェイ委員会報告書の勧告の延長線上にあり，監査期待ギャップを縮減し，そしてそれはとりもなおさず不正の発見，防止に対する監査人の責任を少なくとも一定程度は受け入れる方向性を持たせたものとなった。これら SAS No. 53 から No. 61 に至る9基準書は，一般に「期待ギャップ基準書」と呼ばれることとなり，その後の世界の監査実務，そして監査基準の設定に大きな影響を及ぼすことになるのである。ここで，監査は監査基準上改めて，すなわち歴史的には当初の監査の主目的であった企業不正の発見，防止を再びその目的の中に取り込み，かつそのための監査手続を構築することとなったのである。

9つの期待ギャップ基準書は，以下のような構成となっている。

SAS No. 53　誤謬および不正の発見・報告に関する監査人の責任
SAS No. 54　クライアントによる違法行為
SAS No. 55　財務諸表監査における内部統制機構の検討
SAS No. 56　分析的手続
SAS No. 57　会計上の見積もりに対する監査
SAS No. 58　監査済財務諸表に関する報告
SAS No. 59　継続企業としての存続能力に関する監査人の検討
SAS No. 60　監査中に発見した内部統制機構に関する事項の通知
SAS No. 61　監査委員会への通知

上記のうち，まず注目すべきは SAS No. 53 であろう。ここでは，誤謬，不正に起因する財務諸表の虚偽記載のリスクを評価し，これらを発見することを合理的に保証する監査の立案を求めている。SAS No. 53 は，SAS No. 16「誤謬または不正の発見に関する独立監査人の責任」（1977年）に代わるものであるが，SAS No. 53 では経営者の誠実性が前提とされない。経営者が不誠実であって，内部統制の無視，会計記録の改竄や隠蔽が経営者によってなされる可能性があることを念頭に置いて監査を立案することを求めている。このため，財

務諸表に虚偽記載が含まれるリスクの評価が極めて重要な監査手続となり，内部統制の評価とともに，いわゆるリスク・アプローチがその後の監査手続の中で重要な位置を占めるようになるのである。SAS No. 55 から No. 57 までの3基準書は，かかる新たな監査フレームワークの中で必要となる監査手続について規定したものである。

　SAS No. 54 は，SAS No. 17「クライアントによる違法行為」(1977年) を置き換えたものである。SAS No. 17 は，ウォーターゲート事件などの贈賄事件を背景に，かかる企業による違法行為と監査の関係を示したものである。違法行為については，わが国ではロッキード事件などにおいてもその対策として監査が論じられることはほぼなかったといってよいが，アメリカでは不正な支出（とその財務諸表への影響）の監査の可能性が議論されたのである。SAS No. 17 は，その発表のタイミングにもかかわらずすでにコーエン委員会報告書の内容を先取りして反映させていたとされる[*6]。したがって，全ての違法行為の発見に監査人が関わることには基本的に否定的な立場を示しつつも，財務諸表に直接かつ重要な影響を及ぼす違法行為についての考慮を求めるものとなっている。これに対して，SAS No. 54 は，財務諸表に直接かつ重要な影響を及ぼす違法行為は SAS No. 53 と同様の取扱いとすることとし，すなわちこのことは，この場合には SAS No. 53 と同様の責任が監査人にあるとみなされることとなる。また財務諸表に間接的な影響を及ぼす違法行為（財務諸表の金額にはただちには影響を及ぼさないが，違法行為が認定された場合にそれに伴って偶発債務として何らかの影響を及ぼす可能性があるようなもの）については SAS No. 54 によることとし，この場合には，通常の監査の手続の中でかかる項目に注意する，ということになる。

　このほか，SAS No. 59 は，企業の存続能力，いわゆるゴーイング・コンサーンについての監査を規定したものとして重要である。企業の存続能力（継続性）を監査人が評価すべきであるか否かについては，議論のあるところであっ

---

　*6　千代田 (1998)，233頁。

た。しかし，一方でこの問題が監査期待ギャップを生む大きな要因の1つとなっていたことも事実である。すなわち，監査報告書が出されてまもなく倒産する企業があれば，財務諸表利用者はその監査報告書に対して疑問を持つ。そこに適正意見が示されていても，それは決算財務諸表に対するものであって，将来の企業の存続能力を意味するものではないことは明らかであるが，それは一般大衆には必ずしも受け入れられなかったのである。SAS No.59 は，監査人にゴーイング・コンサーンについて重大な疑いがあるかどうかについての積極的な評価を求め，監査人に新たな責務を課すこととなった。

　以上のように，これらの基準書は，まさに監査期待ギャップを縮減する観点から，アメリカにおける積極的，抜本的な監査実務の変革をなしたものとなったのである。

(2) SAS No. 82

　SAS No. 53 は，1997年に SAS No. 82「財務諸表監査における不正の検討」によって置き換えられた。上記のように88年に一連の期待ギャップ基準書が公表された後も，90年代に入ってもやはり発生し続ける不正事件，企業倒産の結果，監査人が訴えられるという構図は変化しなかった。SAS No. 82 の公表は，このような状況に対する更なる方策の模索といえる。

　SAS No. 82 では，「不正」を表す用語をこれまでの irregularities からより一般的な fraud に変更し，その範囲をより明確にし，拡大している。すなわち，財務報告の重要な虚偽記載を招く不正には経営者によるものと，従業員によるものがある。前者は各種の粉飾経理が典型であり，後者の典型は資産の着服，使い込みである。この点には，2つの意義があると考えられる。1つは，監査人の監査範囲となる不正が，経営者によるものと従業員によるものの両者に及ぶことを明確化したことである。すなわち，財務報告に重要な虚偽記載をもたらす可能性のある不正，言い換えれば，監査人がその防止・発見に結果として責任を問われる可能性のある不正の範囲は，監査対象企業全体にわたるということである。

いま1つは，不正と監査期待ギャップ問題との関連を明確化したことである。すなわち，監査人に寄せられる期待の中身は，経営者不正に対するものが中心と考えられる。なぜならば，従業員不正に関しては，仮に内部統制組織が有効に機能していれば，経営者の責任で防止・発見できるものと考えられるからである。ここでは，監査人にとっては，内部統制組織の有効性を検証できればよいことになる。しかし，経営者不正についてはそうはいかないから，その発見・防止については，これをなしうる唯一の存在として監査人が社会から期待されるわけである。

さらに，SAS No. 82 は，その付録 A において SAS No. 1 の一部を修正し，監査人は不正，誤謬の如何によらず，財務報告中に重要な虚偽記載がない合理的な保証を得ねばならないことを明示した。SAS の中では，この部分は一般理念にあたり，日本の場合になぞらえていえば，監査基準（一般基準，実施基準，報告基準）よりもさらに規範的なレベルのものである。この規定中に監査人の不正発見責任を含めることで，監査におけるその重要性を明示したことになる[7]。

(3) SAS No. 99

後述のエンロン，ワールドコム事件を背景に，2002 年，SAS No. 82 を改正する形で SAS No. 99「財務諸表監査における不正の検討」が公表された。

ここでの特徴は，不正に起因する重要な虚偽記載がある可能性を考慮する場合には，監査において専門職としての懐疑心（professional skepticism）を働かせることの重要性を強調していることである。すなわち，ここでは経営者から提供された財務情報に対してその信頼性を懐疑心を持って扱うことになる。監査人は，不正に起因する重要な虚偽記載のリスクを検証するための情報を収集しなければならないが，特に，経営者，従業員等への質問，監査計画における分析的手続の結果の考察，不正リスク要因の考察などを通じて，不正の可能性，

---

[7] 石田 (1997) は，この点を特に重視している。

経営者や従業員による不正の認識を見いだし，また不正を生じさせる誘因，経営環境について分析することになる。これらは，内部統制環境に関わる問題と関係すると考えられるが，内部統制では検出されないような経営者による不正の潜在性についても検証することが求められている。

監査の過程で，虚偽記載が発見された場合には，これが不正に起因するものか否か，その財務諸表に対する重要性の程度を判断することになる。その上で，不正について経営者，監査委員会，およびその他の者に対して伝達し，監査人の不正についての検討を文書化する。

SAS No. 99 は，SAS No. 53 以降の期待ギャップ基準書の系譜上にあるものであるが，ここでは，期待ギャップ問題に直接的に対処する，というよりは，不正の発見，防止に対する監査への期待をもはや所与のものとした上で，不正による重要な虚偽記載の発見，防止により指向した監査基準書ということができる。

4 監査基準以外の監査期待ギャップ，企業不正問題への対応

ここでは，アメリカにおける近年の監査基準以外の対応を検討する。

第一は，会計事務所の組織の再検討である。周知のように，アメリカの会計事務所の形態はパートナーシップを基本としている。パートナーが事務所の共同経営者であり，無限責任を負う。日本の監査法人も，基本的にこの形態を模した組織である。ところが訴訟の多発にあっては，この組織形態のために，パートナーが連帯して無限に損害賠償責任を負うこととなった。このため，損害賠償請求が当該監査に直接の関係のないパートナーに及ぶ可能性を減じるために，有限責任パートナーシップ（limited liability partnership；LLP）に改組する動きが出てきた。すなわち，ある損害賠償請求訴訟において，それに関連する監査人が所属する会計事務所のすべてのパートナーにその責任が及ぶものではないことを主張しようと言うものである。しかしながらこのことが，どの程度

訴訟に対して防御となっているかは必ずしも明確ではない。

　第二は，監査人の責任を法律によって軽減しようとするものである。すなわち，監査人に対する訴訟においてその賠償額が多額に及ぶのは，無限責任パートナーシップという会計事務所の組織形態に要因がある。また，訴訟問題はもはや法律家の領域に入っており，現行法制下の法廷の場では，もはやどのように主張しようともそこで監査人のなしうることは少ない。このような点から，AICPAは，1985年以降，まず各州の法制度を，過失の程度に応じた損害賠償制度に変えるよう努力してきた[*8]。そして，その方針は有価証券取引所法の改正に向かったのである。

　第三は，不正問題を財務諸表監査と切り離し，すなわち，通常の監査人は財務諸表監査を行うが，不正監査については専門職としての不正監査人を別途育成し，これに委ねることはできないか，という考え方である。先の第二点と同じく，この問題は法律，特に法廷での問題に深く関わっている。法医学があるように，いわば法会計（forensic accounting）の存在を認め，この主体となる不正監査人は，法廷に提出することを最初から念頭においた監査証拠収集を行うことになる[*9]。これは，未だ理念的な検討の段階であり，実務的な動きは少ないが，このことによって財務諸表監査を行う監査人が，不正問題に立ち入らないことを明白にしようとするものである。

　以上のうち，第二点についていえば，もはや監査論の立場から不正問題に対処しようとしたものではないといえる。不正の摘発への期待は，監査基準で示された範囲を超えている可能性があり，また訴訟の中には単に監査人が金を取りやすい相手だからという理由のものも多い。とはいえ，そのような期待のもとに起こされる訴訟であってもこの訴訟自体には対処する必要がある。かかるなかでは，もはや監査実務上の対応では限界があるということであり，問題は監査論の範囲を超えつつあるともいえる。

　[*8]　伊藤（1993）。
　[*9]　Bologna and Lindquist（1995）.

5　日本における監査基準の改訂

　日本における監査期待ギャップ問題は，訴訟を目前にして対応を迫られたアメリカとはその展開も内容も異にする。第4章では，わが国では訴訟の多発という事態は起こらず，あたかも日本には監査期待ギャップ問題は存在していないかのようにみえるが，しかし，調査によれば，日本にも監査期待ギャップが存在し，ある点ではむしろ欧米のそれよりも大きいことすら指摘できることを示した。さらに「無期待ギャップ」の存在もあり，日本の監査期待ギャップは欧米のそれとは違い，潜在化した監査期待ギャップであるということができる。

　この問題に対しては，顕在化していないのだから対処しないという考え方と，あえて将来の顕在化の可能性に備えて対処しておくという考え方とがあろう。結論から言えば，日本では後者の積極的な方策が採られた。

　1989年，監査実施準則が一部改訂されたが，その前文は，不正問題への取り組みを示したものとなった。この段階ですでに期待ギャップ問題も念頭におかれていたようであるが[*10]，これは1991年の監査基準・準則の全面改訂においてより明白になる[*11]。この改訂は，監査基準，監査実施準則，監査報告準則の制定以来の大改訂といえるものであり，先にアメリカが一連の期待ギャップ基準書でみせたものと同様の，不正問題に対する監査の対応が含まれている。すなわちここでは，分析的手続（監査実施準則三），重要な虚偽記載の発見，リスク・アプローチ（同五），組織的監査（同六），経営者による確認書の入手（同九）等が盛り込まれた。

　さらに，新監査基準の特色として，実務指針にあたる部分は監査基準・準則中にあえて言及せず，実務家の指針にまかせる方針が取られたことがある。これは，監査の基準は監査人自身が作成するもの，という英米の伝統的な会計専

　＊10　村山・脇田（1989），57頁。
　＊11　吉見（1997b），277頁。

門職観に，一歩近づいたものともいえる。このため，日本公認会計士協会は1992年以降，同協会監査基準委員会による報告書を順次公表しており，これが日本におけるSASにあたるものとなっている。これらのうち，第1号「分析的手続」，第2号「特記事項」，第3号「経営者による確認書」，第4号「内部統制」，第5号「監査上の危険性と重要性」，第6号「監査計画」，第7号「十分な監査証拠」，第9号「試査」，第10号「不正及び誤謬」，第11号「違法行為」は，いずれも日本における「期待ギャップ基準書」と呼んでよいものであろう。不正問題に関連しては，特に第10号，11号が密接な関連を持つことはいうまでもない。

これらの基準書の内容は，基本的にはアメリカのSASにならったものである。自国では顕在化していない期待ギャップ問題への予防的措置としては，かかる方向を取らざるを得ないものであったといえるかもしれない。

2002年には，監査基準が抜本的に改訂された。新監査基準は，その前文（「監査基準の改訂について」）で，新監査基準において監査目的を明確化することと関連して監査期待ギャップ問題への対応を図ったものであることを以下のように明確に述べている。

> 従来，監査基準は監査それ自体の目的を明確にしてこなかったために，監査の役割について種々の理解を与え，これがいわゆる「期待のギャップ」を醸成してきたことは否めない。

その上で，監査の目的は経営者の作成した財務諸表に対して監査人が意見を表明することにあるとし，財務諸表作成者の作成責任と監査人の監査責任との区分を改めて確認している。そして，適正意見を示すためには，財務諸表には全体として重要な虚偽の表示がないことの合理的な保証を得たとの判断が含まれる，とし，不正による重要な虚偽表示と監査意見との関係を明らかにしている。

また，91年改正の際に導入されたリスク・アプローチの徹底が図られたほか，ゴーイング・コンサーン（継続企業の前提）の監査もここで導入された。

これらの対応は，日本的なアレンジは施されているものの，基本的にはアメリカで追求されてきた監査期待ギャップ問題への対応と同一の方向性を持つものといえる。たとえばゴーイング・コンサーンの監査については，アメリカでのSAS No. 59での対応から10余年を経て導入されてはいるものの，そこに表れている基本思考は同じものであると考えられる。

　また，2002年の改訂では，監査実施準則，監査報告準則が廃止され，監査基準自体はスリムなものとなった。これは，実務に関わるルールは実務指針として会計専門職自身が定める，という，アメリカ的な監査基準の設定の方法により近づけようとしたものであり，この結果，日本公認会計士協会は引き続き数多くの監査基準委員会報告書を公表してきている。これらは，上述のようにアメリカのSASに相当すると位置づけられるが，その内容もまた，SASに大きく依拠したものとなっている。近年公表されたものの中で，「期待ギャップ基準書」に関連するものとしては，第13号「会計上の見積もりの監査」，第22号「継続企業の前提に関わる監査人の検討」が挙げられるであろう。

6　「会計不信」と監査期待ギャップ

　2001年末に発覚したエンロン事件は，その後アメリカの監査，会計専門職を大きく揺るがす事件に発展した。さらに翌年に発覚したワールドコムの粉飾経理事件は，監査のみならず会計全般に対する不信すなわち，「会計不信」と呼ばれる現象を招いた。2002年7月には，異例の迅速さで「企業改革法」，いわゆる「サーベインズ・オックスリー法」が成立し，ここには多くの監査制度改革が含まれている。また，先述のようにその後同年末にAICPAもSAS No. 99を公表しているが，これにも企業改革法の影響をみることができる。

　このように，エンロン，ワールドコム事件とその後の展開は，監査論を考える上で極めて重要である。これらについては，第10章において再度検討することとする。

7 おわりに

　本章では，監査期待ギャップ問題がコーエン委員会報告書で認知されて以降の，アメリカと日本におけるこの問題への会計専門職側の対応を検討した。それは基本的には，期待に応える形での会計基準，実務指針の改定および制定であった。

　しかし，第5章でみたように，監査期待ギャップ問題が監査構造そのものに依拠する問題であるならば，監査基準による対応を行っても，期待ギャップの縮減は図れるかもしれないがこれをなくすことはできない。事実，第4章で見たように，近年の実態調査研究においても監査期待ギャップは依然観察されるところであるし，あるいは企業不正事例や倒産事例にあたって監査人が訴訟に巻き込まれる事態も日米欧ともに存在するままである。したがって，会計専門職は，監査期待ギャップ問題を少なくとも拡大させず縮減する努力は継続的に続けていかねばならないだろう。

　加えて，更なる監査の強化を求める社会的期待も増している。監査は，Power（1997）が指摘するように，監査の失敗が露見した場合に，その対策として新たな監査が求められるという奇妙な現象を見せる。これは，監査の失敗があっても，依然会計専門職が行う監査に対して社会的な期待そのものは失われず，存在していることの証左といえる。エンロン，ワールドコム事件以降も同様であって，たとえばここでは，四半期レビューの監査化の議論などに表れることになる。この点については，わが国における中間監査との関連のあるところであるが，これは次章で改めて検討することとする。

第7章
中間監査と監査期待ギャップ問題

1 はじめに

　監査期待ギャップ問題は財務諸表監査の発展の中で認識されてきた。しかしながら，現在，監査現象は様々な分野に拡大しつつある。一方，第5章でみたように，そもそも期待ギャップとは監査に固有に存在するものであり，だとすれば，監査期待ギャップの問題は多様化する現代の監査現象の中で新たな問題として，すなわち新たなギャップを認識し対応すべきものとして生起する可能性があることになる。

　ここからは，そのような現代の様々な監査現象について，これを期待ギャップ問題の観点から検討する。まず最初に，本章では，かかる監査現象の1つとして，中間監査と監査期待ギャップ問題との関係をみることとする。

2 中間監査の特殊性と普遍化の可能性

　中間監査は，わが国に特徴的なものである。会計年度の中間期に年度期末監査よりも簡易な形態の「監査」を行うという実務は，たとえば南アフリカや中国にも見ることができるが，制度的にこれを位置づけて強制的な監査を会計専門職によって行うものは，欧米主要国にはみられない。

　これは周知のように，わが国がもともと半年決算であったことに起因する。1年決算に移行した後に，年に2回「年度期末決算」が行われていたものの代替として，中間財務諸表制度が導入され，その監査が実施されてきた経緯があ

る。

　一方，四半期報告書を開示する実務が主流のアメリカでは，この報告書の会計情報に対して監査ではない「レビュー」が行われてきた。ここでレビューは，監査類似行為ではあっても監査ではない。したがって，監査の持つ保証水準が保たれるものでもない。このような論理によって，会計専門職は，監査の持つ最高の保証水準に伴う責任と，監査に対する期待とをここでは回避してきたのである。

　これを背景にすると，当然ながら，中間監査は監査なのか，レビューなのかという議論が生じる。この点の分析は後段に譲るとして，少なくともわが国の研究者は，中間監査のレビュー化，中間財務諸表の四半期報告書化，すなわち，アメリカの実務に合わせた形での中間決算と中間監査の変更を主張する向きが多かったように思われる。

　1998年6月の中間財務諸表監査基準の改訂は，その1つの機会であった。しかしながら，相次ぐ銀行の破綻といった社会経済的背景があって，監査を強化することこそあっても，現にある「監査」を減らす形の変更は認められ得なかった。むしろ，会計に対してもディスクロージャーの一層の進展が望まれていることが中間監査制度整備の要因となった[*1]。そしてここに「中間監査基準」が設定され，これを受けて日本公認会計士協会では，1999年3月，実務指針たる監査基準委員会報告書第17号「中間監査」を公表した。また，これに対応した中間監査報告書の雛形を含む監査委員会報告第64号「証券取引法監査における監査報告書の文例」が，同年5月に公表されている。さらに中間監査基準は，2002年の監査基準の改訂に合わせて再改訂されている。

　一方で，アメリカではエンロン事件の影響がきわめて大きく，四半期会計情報とそのレビューに対しても，ディスクロージャーの強化の観点から，レビューの「監査」化の議論が生じている。あるいは，レビューよりも監査に近い，日本型中間監査の導入の可能性も選択肢としてある。すなわち，特殊な「監

---

*1　山浦（1999），52頁。

査」であったわが国の中間監査が，先行事例として欧米諸国に実務的に取り入れられ，普遍化する可能性すら生じてきたのである。

ここに，わが国の中間監査と期待ギャップとの関連性を検討しておくことの意義を見いだすことができる。

3　中間監査基準と「中間監査」の特徴

（1）　中間監査の特徴

98年の改訂において，まずもって注目されるのは中間財務諸表監査という従前の用語が，「中間監査」へと変更されたことである。この点についてはすでに多くの論者によって解題されているように，異なる新たな概念へ展開したものとして，以下のような特徴点が示されている。

第一に，中間連結財務諸表が従前の予測主義から実績主義へ転換されたことに関連した中間監査の位置づけである[*2]。すなわち，「中間連結財務諸表等の作成基準」で実績主義が採られたことにより，中間連結財務諸表は期末に作成される連結財務諸表と基本的に同じものと考えられることとなった。この結果，単純に考えれば，中間監査は年度監査と同様のものとなりそうであるが，中間監査基準はかかる中間財務諸表作成手続に着目せず，年度の中間期までの中間報告としての中間財務諸表，年度決算に組み込まれる暫定決算数値という点に着目して年度決算と中間決算が必ずしも同一であることを求めないとされる[*3]。

第二に，中間監査は年度（期末決算）監査ともレビューとも異なる概念である。年度監査の間に行われるものとして，すぐに想起されるのはやはりレビューであろう。前述のようにレビューは四半期報告書の保証について行われるものであり，監査に求められる保証水準より低い保証を提供するものであって監査ではない。しかし，中間監査は，このレビューとは異なる概念とされる。そ

[*2]　加藤（1998），48-49頁。
[*3]　市川（1998），25頁。

して中間監査の保証水準はレビューよりも高く、年度監査よりも低い、いわば「中程度の保証水準」を提供するものとされる。これは、諸外国に例をみることのできないわが国独自の概念である。

しかし専門家ではない一般大衆から、中間監査は監査か、と改めて問われれば、年度監査とは違うとは言っても監査の一種であると答えざるを得ないのではないか。そもそも常識的にいってその用語に「監査」を含んでいる以上、中間監査は監査の一種であると理解されても一般にはやむを得ない[*4]。そして、監査ならばそこには監査としての保証水準があるはずと理解されるであろう。

だとすれば、わが国における監査の保証水準とは、中間監査のないわが国以外の国で考えられるそれと異なるものだと理解しなければならないのだろうか。つまり、中間監査を含むわが国の監査の保証水準は、年度監査だけが監査である他国のそれよりは低いものだと言わざるを得ないのだろうか。あるいは、わが国には年度監査の保証水準と中間監査の保証水準という概念はあっても、監査の保証水準という概念は成立し得ないのであろうか。

そうではないとすれば、結局は中間監査は監査ではない、という難解な論理を展開せざるを得なくなる。監査とレビューの中間の保証水準を与える監査類似行為としての中間監査、ということであれば、理論的に理解しやすいのであるが、この場合には後述のように、中間監査に「監査」という用語を充てざるを得なかったことが問題となろう[*5]。

第三に、中間監査は年度監査の中途段階として、年度監査を構成するものとなる。この関係を、山浦（1999）では吊り橋にたとえて説明されている。すな

[*4] 脇田教授は、「中間連結財務諸表等の作成基準」によれば、「年度財務諸表でも中間財務諸表でも投資者に提供する情報の内容に相違はないものとされて」おり、「年度監査と中間監査に本質的な相違はない」とされている（脇田（1998a）、13頁）。

[*5] 旧中間財務諸表監査にあたっても、これを監査として理解するべきか、レビューとして理解すべきかの議論があった（白鳥（1977））。ここでは、レビューを「限定監査」と名づけ、限定監査では取引記録の監査手続を実施しないこと、手持手形の実査または立会、債務者および手形保管者に対する確認、総勘定元帳と補助簿等の照合等は行わないなど、具体的な「監査」との違いを具体的に示した上で、中間財務諸表については、限定監査にとどめるべきであると結論づけている（白鳥（1977）、72-74頁）。

わち，中間監査は2本の年度監査という橋脚に支えられた中間部に位置するものであって，橋を支えるワイヤー（保証水準）は橋脚部では高く中間部では低い。つまり，年度監査の高い保証水準が中間監査の比較的低い保証水準を支えているが，中間監査も橋を支えていることには間違いなく，すなわち，年度監査と中間監査全体をもって年度監査自体もまた成立している，ということである[*6]。

　この場合，中間監査の位置づけは明確になるが，反面，年度監査において中間監査は必然となるのかという疑問は残る。中間監査が年度監査を構成するということであれば，たとえば年度監査における適正意見の表明は中間監査の有用意見の表明を必然とするのであろうか。さらには，中間監査がなされない年度監査は監査として成立し得ないことにはならないのであろうか。

（2）　中間財務諸表監査と中間監査

　上記のような中間監査の特徴は，旧中間財務諸表監査基準における中間財務諸表監査と一線を画そうとしたものである。しかし，このような説明はいかにも混乱を招きやすいのも事実である[*7]。

　結局のところ，中間財務諸表にはレビューによる検証ではなく監査証明が要求されたのであり[*8]，監査意見を表明する「特別型の財務諸表監査」ということになる[*9]。そしてその監査意見として，中間監査報告書には，従来と同様に「有用意見」が示されることになっており，すなわち従前の中間財務諸表監査と中間監査では，その生み出すものが同じであると理解される可能性を否定できない。

　中間監査基準の持つ理念と論理的整合性からいえば，中間監査が監査の一種

---

　*6　山浦（1999），53頁。
　*7　「注意すべきは，『監査』という概念自体が暗示する保証水準が年度の財務諸表監査と共通のものとの誤解を与え，監査責任も同じように問われるおそれがあることである。」（山浦（1999），53頁。）
　*8　脇田（1998b），32頁。
　*9　脇田（1998b），33頁。

であることを主張せず，すなわちこれに「監査」の文字を含まない用語をあて，そのアウトプットにもやはり「有用性」以外の用語をあてるべきであったろう。しかし，そうされなかったのは，むしろ実務的な理由があったようである。山浦教授は，その理由として，①関連法規に「監査」以外の証明方法の定義がないこと，②日本公認会計士協会の実務指針に「レビュー」はなく，実務経験にも乏しいこと，③旧中間財務諸表監査への慣れもあること，を挙げられている[*10]。

この中で第3点目についていえば，そもそも中間財務諸表監査を制度として定めていることはわが国の特徴であったところであり，結果としてこれが実務的に定着し，「有用意見」も含めて用語的にも慣れ親しまれているということであろう。さらに，不正問題の多発にあって監査の強化が求められる中では，レビューの導入と引き替えに従前からあった監査制度をなくすがごとき改正は，社会状況的にもしにくいことも挙げられよう。

一般に，制度改正が行われる場合には，用語等のいわば外見を変えあたかも内容的にも一新されたかのごとく見せながら，その内実は変わっていない例をみることが少なくない。ところが，中間監査基準の場合には，外見を変えずに内実が変わったと理解するという，ある意味でまれな方法がとられたことになる。この結果として，少なくとも一般からは，その変化を直観しにくいものとなっているといえよう。

（3） 専門職の実務指針への依拠

新監査基準以降の特徴として，監査基準自体に細かい実務指針を設けず，会計専門職団体の公表する実務指針にこれを任せるという方針がとられた。このこと自体は，基準はこれを利用する実務家自身の手で作成するという原則から考えて望ましい方向であろう。当然ながら，中間監査基準にあっても同様の方針がとられ，上述のように日本公認会計士協会では監査基準委員会報告書を公

[*10] 山浦（1999），53頁。

表したところである。中間監査基準では,たとえば「省略可能な監査手続」とは具体的に何か,結果として「中程度の保証水準」とはどのようになるのか,「中間財務諸表に係る投資者の判断を損なわない程度の信頼性」とはどの程度のものをいうのかは,示されていない。これらについて,どの程度実務指針でさだめられ得るのかは,現に中間監査を行う監査人にとってはその責任との関連で重要な問題である。

4 旧中間財務諸表監査における監査人の責任事例

すでに旧中間財務諸表監査において,監査人の責任に関連した事例がある。ここではその例を概観しておこう。

(1) 雅叙園観光

周知のようにこの事例は,同社の担当監査法人の解任にかかわる事例である。すなわち,同社の1992年度中間決算にあたって,担当監査法人が有用意見を出そうとしなかったため,同社が監査法人を解任,別途公認会計士と契約の上,有用意見を得たものである[*11]。このように,この事例は,中間財務諸表監査の意見について生じたものであり,中間財務諸表監査の結果が企業にとっては上場維持にかかわる問題として顕在化することを示している。

(2) 日本債券信用銀行

同行は1998年12月に事実上経営破綻し,一時国有化(特別公的管理)されたが,同行はその3週間前に,98年度中間決算を発表していた。この点につき,監査法人はこの時点では中間財務諸表を有用とは認めておらず同行の責任で発表を認めたとしたが[*12],監査法人が同行の中間決算を「特に問題なしと

[*11] この点についての事実関係には会社側と監査法人側で主張に差があり,訴訟に発展した。詳しくは,吉見(1999)第14章を参照。
[*12] 『読売新聞(東京)』1999年2月10日朝刊,2頁。

認めた」とする報道もなされた[*13]。監査法人は，再調査のため同年内に中間監査結果を出せない状況となった。破綻後は同行の決算が粉飾経理を含んでいたとされる報道も多く，株主による監査法人への損害賠償請求訴訟も検討される状況に至った[*14]。

（3） 日本国土開発

同社は1998年12月に会社更生法の適用を申請して倒産したが，その直前の中間財務諸表監査においては有用意見が示され，特記事項も付されていなかった。その後発表された修正財務諸表では大幅な債務超過となっている。一連のゼネコンの経営不振問題もあり，98年9月中間決算にあたっては，多くの監査法人がゼネコン各社に様々な特記事項を付していた[*15]。

5　おわりに ── 監査人の責任と監査期待ギャップ ──

一般に，監査人がその職務の中で負う責任には，2種類のものがあるように思われる。すなわち，1つは監査人自身が作り出す責任であり，それはいわば積極的に「監査人が持つ責任」である。今ひとつは，監査人以外が作り出し，監査人に課す責任であり，これは監査人の意向に必ずしも関係なく，いわば「監査人が持たされる責任」である。

このとき，両者は必ずしも一致せず，そこにはしばしばギャップがある。後者の監査人が持たされる責任としては，監査人への訴訟の形で顕在化するものが典型である。すなわち，監査期待ギャップ問題に言う，「期待」がこの責任に転化するのである。

さて，監査について基準（制度）がつくられるとき，それは監査人が持つ責

[*13] 『日本経済新聞』1998年12月13日朝刊，3頁，『毎日新聞』1999年2月4日朝刊，9頁。
[*14] 『産経新聞（東京）』1999年7月8日朝刊，1頁。
[*15] 『日本経済新聞』1999年1月14日朝刊，19頁。

5 おわりに

任を規定し，すなわち明示的にこれを生起する。つまりそこでは，監査人がその監査にあたってどのような責任を持つのかが示される。このことは逆に，それ以外の責任を負わないことも示すことである。すなわち，もしも基準が監査人が持つ責任を確立し得ていれば，監査人が持たされる責任はある程度限定されるものと考えられる。

この関係からわかることは，監査人が持たされる責任は，制度の生み出した結果，たとえば監査報告書をもとに生まれるということである。したがってこれは，制度がいかなるアウトプットを生むように作られているかに依拠し，制度が生み出すその「外見」に左右されやすいものとなる。

それでは，中間監査基準は，監査人が持たされる責任を限定し得ているのであろうか。この点については，中間監査基準が旧中間財務諸表監査基準の用語を踏襲した部分が多く，外見的に変化が乏しいことが，外部者からみたとき，旧中間財務諸表監査基準下で監査人が持たされた責任と同様のものを中間監査基準下でも期待することにつながろう。すなわち，中間監査基準がその内実の概念的変更を主張し，監査人が持たされる責任を限ろうとしていても，それは成功しない可能性がある。

このことは，中間監査における期待のギャップを生む可能性が大変高いことを意味している。中間監査において，監査人がなそうとしていることと，これに一般大衆が期待することとの間には，年度監査におけるそれよりも極めて大きなギャップを生む可能性がある。訴訟という点でも，その危険性はより大きいと考えられる。かかる期待ギャップ問題を回避するには，中間監査の（用語を含めた）概念の明確化がより一層求められねばならない。

本章では，わが国の中間監査が監査期待ギャップを生む可能性をはらむものであることを指摘したが，かかる実務の重要性が，以前から比べれば増してきていることも事実である。現にアメリカでは，エンロン，ワールドコム事件を経て，レビューではない四半期監査を望む期待もある。監査の頻度がより高まる可能性は，質的にも量的にも期待ギャップを増す可能性をも示唆しているのである。

第8章
環境監査と監査期待ギャップ問題

1 はじめに

　環境監査は，現代の監査現象の中で近年特に注目されてきた分野である。いうまでもなく，環境問題への取組みは，現在は企業にとって必然的な問題となってきており，環境会計および環境監査は，会計，監査にとって重要な一分野となりつつある。しかしながら，この分野の伝統的な会計，監査との関連は，必ずしも明瞭ではない。特に，会計専門職がこの新たな分野にどのように関わりうるのかについては，多くの議論のあるところである。ということは，この分野についても，新たな監査期待ギャップ問題を生む可能性のあるものとしてみることができるのである。

2　実務からみた環境監査

(1) 内部監査としての環境監査

　周知のように，環境監査は制度監査として定着しているものではなく，企業等によって自主的に行われている任意監査である。しかし，一方ではISO 14000シリーズの採用が，特に企業が諸外国で事業を展開する際には必須となってきている傾向があること，また環境に対する意識の高まりから，企業としても積極的に環境保護の姿勢をアピールすることが事業の安定的継続のためにも必要となっている現実から，環境監査の実施は，環境会計の採用と共に広く普及する実務となりつつある。

ところで、監査と言う場合には、一般には会計専門職による財務諸表監査が想起されるであろう。これはいうまでもなく、組織の外部から独立した立場の監査人が監査する外部監査である[*1]。

しかし、環境監査を実施している企業にとっては、環境監査とはまず内部監査としてのそれであることに留意する必要がある。この場合、環境監査は環境マネジメントの一部として位置づけられていることが多く、環境マネジメントは環境会計とは区別された活動である。すなわち、会計監査は会計があってその結果を監査するものという位置づけがあるのに対して、ここでの環境監査は環境（保護活動）があってその結果を監査するものであっても、環境会計の結果を監査するものでは必ずしもない、つまりは環境会計監査ではないということである。

この場合、社内的に他の部署と独立した立場にある社員が監査人となって環境監査を行うことになる。監査人の独立性という観点からは、これは会計監査における内部監査部門の内部監査人と同様の位置づけを与えることができよう。

もちろん、この監査を企業の外部者が行うことはあり得る。現に会計監査にあっても、内部監査のアウトソーシング化が進んでいる現状があり、これと同様に内部監査としての環境監査もアウトソーシング化の可能性がある。むしろ、その可能性は従来の内部監査よりも大きい。というのも、環境監査が企業にとっては新しい実務であるため、その確立のために外部の専門家の協力を得る必要性が大きいためである。すなわち環境監査は外部コンサルティング企業にとっての収益源であり、後述のようにそこには監査法人およびその系列企業も含まれる。この場合、当然ながら監査法人にとっては環境監査は内部監査指導と同様のコンサルティング業務という位置づけになる。

[*1] 監査役監査が外部監査か否かは議論のあるところであろう。この点については本章の目的ではないため、監査役監査の外部監査性について議論があるのは、そもそもそれが外部監査として存立すべきものであるという認識があってのことであることを指摘するに止める。

また，環境監査のアウトソーシング化は，企業にとっては環境監査の独立性をより大きくアピールする結果を生む可能性がある。とはいえ，それは内部監査のアウトソーシング化と同様，あくまで内部監査の一形態であることを認識しておく必要がある。

(2) 外部監査としての環境監査

では，外部監査としての環境監査は存在しないのかといえば，必ずしもそうではない[*2]。企業の環境情報は，様々な形で公表されるが，かかるディスクロージャーの方法の1つとして，環境報告書がある。この環境報告書は，上記の環境マネジメント，および環境会計の結果を含めた，企業による環境活動の総合的な報告書として作成される。いわば環境版アニュアル・レポートというべきものである[*3]。

アニュアル・レポートに外部独立監査人の監査報告書が添付されるのと同様に，環境報告書にも外部独立監査人による監査報告書が添付されることがある。この場合，当然ながら企業の外部者が独立した監査人として企業の環境活動に対する監査を行い，報告書を提出することになる。

わが国では，このような報告書は「第三者審査報告書」，「第三者検証報告書」などと呼ばれることが多いようである[*4]。すなわち，ここではかかる実務を「監査」とは呼ばずに「審査」や「検証」と称しており，監査人は監査人ではなくいわば審査人や検証人であることになる。そして審査人には，後述のように監査法人ないしその関連会社があたっていることが多いのである。なお，かかる実務は環境報告書を提出している企業に必ずしもみられるわけではな

[*2] 本章では詳しく述べられないが，外部監査としての環境監査を考える場合には，社会監査との関係を考えておくことは重要である。たとえば，Geddes（1992）を参照。

[*3] 環境報告書については，國部（1999），國部（2000）を参照。

[*4] 英文では independent verification report と呼ばれる。わが国では，発行主体が同じでも名称が異なることがあり，日本語の用語としては未だ一定のものとはなっていないように見受けられる。なお周知のように，監査論上，一般には verification は検証と訳されることが多い。したがって直訳すれば，独立検証報告書，となろう。以下，本書ではこれらを総称して第三者報告書と呼ぶ。

3 理論からみた環境監査

(1) 第三者報告書

　さて，上述のような環境監査の実務をみた場合に，理論的には奇妙な点があることに気づく。いうまでもなく，内部監査では「監査」が存在するのに，外部監査では「審査」や「検証」はあっても「監査」はないことになっているからである。むしろ第三者（環境）審査（ないし検証。以下第三者審査等という）は，公認会計士による会計監査と擬し得る位置にあるだけに，かかる実務は理論的に奇異ですらある[*5]。

　第三者報告書は，わが国においてはいまだ普遍的な実務とはなり得ていない。すなわち，環境報告書を公表している企業であっても，必ずしも第三者審査等を受けているわけではない。その中で，現に作成されている第三者報告書の例は，監査法人あるいはその関連会社により作成されたものが多い。第三者審査等自体が制度化されたものではないため，その報告書の様式は同様ではない。しかし，ここで4大監査法人およびその関連会社による第三者報告書を比較対照すると，以下のようないくつかの特徴を指摘できる。

① 報告書は三区分からなり，これは会計監査における監査報告書の導入区分，範囲区分，意見区分に相当している。これを含めて，第三者報告書の様式は，会計監査における監査報告書のそれを模したものとなっている。
② 範囲区分については，第三者審査等にあっては，「一般に公正妥当と認められる監査基準」に相当するものがないため，より具体的，詳しい記載になっており，作成主体ごとのばらつきも大きい。
③ 意見区分については，「意見」表明という形を取るものがある一方，「審査

　[*5] 環境監査と第三者報告書の関係については，吉見（2001a）第14章も参照されたい。

表8−1　第三者報告書の特徴

母体となる監査法人	年度	第三者審査等の実施主体	署名者の肩書き	報告書の名称	監査とは異なることの明言	「意見」であるとする表記
A監査法人	2000	(株)A環境品質研究所	公認会計士，取締役，執行役員，環境主任審査員	第三者意見書	なし	あり
	2004	同上	同上	第三者審査報告書	なし	あり
B監査法人	2000	(株)B環境品質研究所	取締役	第三者審査報告書，第三者意見書	あり	ケースにより不定
	2004	同上	同上	第三者審査報告書	あり	なし
C監査法人	2000	(株)Cサステナビリティ研究所	公認会計士，取締役	第三者審査報告書，第三者検証意見書	なし	あり
	2004	(株)Cサステナビリティ認証機構	取締役	第三者保証報告書，第三者による保証業務報告書，独立第三者による審査報告書	なし	あり
D監査法人	2000	D監査法人環境マネジメント部（監査法人本体の部署）	代表社員	第三者審査報告書	あり	なし
	2004	Dサステナビリティ(株)	取締役，公認会計士，環境審査員，環境計量士	第三者審査報告書，第三者検証報告書	ケースにより不定	ケースにより不定

※　以下の企業の，いずれも2000年度および2004年度（一部企業は2004年度のみ）に発行された報告書を参考にしている。イトーヨーカ堂，エーザイ，キッコーマン，麒麟麦酒，住友電気工業，大成建設，トヨタ自動車，日興コーディアルグループ（旧日興證券），東日本旅客鉄道，富士通，富士フィルム
※　取締役には代表取締役等，環境審査員には主任環境審査員等を含む。

手続の結果」という表現をとるものもある。また，第三者報告書によって両者の表現を使い分けている例もある。

④　かつて監査法人本体が審査主体となる場合もあったが，現在は監査法人の関連会社が審査主体となっている。この場合も，社名には母体の監査法人の名前が入っており，監査法人と関連のある会社であることを明示している。

⑤　審査人の肩書きに公認会計士の記載があるものとないものとがある。

⑥　審査手続きは監査とは異なる，監査意見を表明するものではない，等のコメントを付しているものもある。

以上をまとめると，以下のようになろう。すなわち，わが国の監査法人による第三者報告書の形態は，実質的に財務諸表監査における監査報告書のものを踏襲している。この点からも，また他の点を総合して，主要監査法人はその会計監査の経験を背景に第三者報告書の実務を展開していることは明らかといえる。

しかしながら，その表現はたいへん慎重である。すなわち，そもそも「審査」や「検証」といった用語を使い，「監査」という用語は使わない。のみならず，審査ないし検証が監査ではないことを強調する文面を付すことすらみられる。また，「意見表明」という用語の利用にも慎重であることが見受けられ，もちろんここに「適正」という用語の使用はみられない。

（2）　ISO 14000 シリーズ上の「審査」

企業の環境マネジメントシステムのISO 14001への適合性，認証取得にあたっては，企業外部の第三者機関である審査登録機関が審査，公表することが求められている。この審査登録機関としては，監査法人ないしその関連企業のみならず，他の民間企業もサービスを提供している。

これは，明らかにコンサルティング・サービスの1つと考え得よう。すなわち，ここでの審査は，あくまでISO認証取得のためのものである。いわばそれは，一種の資格取得のための手続にすぎない。資格取得のための「試験」の

ようなものと考えるべきであって，監査の1種と考えるべきではない。

しかしながらここで考慮すべきは，ここでもまた「審査」という用語が使われている点である。これは，前節における「第三者審査」等とは内容的にも本質的に異なるものと考え得る。しかし，「審査」を受ける企業の側からみれば，第三者審査等も ISO 14001 の認証取得審査も，外部者によるチェックである点では変わりがない。この点，第三者審査等と ISO 14001 認証取得審査とは混同されやすい懸念がある。しかしながら監査論の立場からは，もちろんこれらを理論的に混同することのないようにしなければならない。

4 おわりに
―― 環境監査の監査性と環境監査期待ギャップの可能性 ――

いま，一般的に環境監査は監査か，と問えば，これを否定する論者は少ないものと思われる。内部監査はもちろん監査であるから，内部監査としての環境監査の監査性を疑う論者はまずいまい。

ところが，外部監査として行われる環境監査については事情が異なってくる。監査法人が行っている外部監査としての環境監査は，第三者審査等と呼ばれ，当事者によって監査であることが積極的に否定されているのである。理論的に検討した場合，最も会計監査に近く，監査として認識しやすいように思われる実務が，監査であることを否定されているのである。そこでは，第三者審査等は監査ではなくコンサルティング・サービスとして位置づけられている。ここでは，環境監査は監査なのか，という問いが改めて現実味を帯びる。

監査期待ギャップの問題は，ある実務を監査と呼ぶことへの慎重さを会計専門職に植え付けた。しかし一方で，監査関連サービスの需要は一層の高まりを見せてきている。このような中で，前章の中間監査の項でもみたように，監査サービスの中でも最も保証水準の高いものを「監査」と呼び，より保証水準の低い監査サービスも提供するもののそれはたとえば「保証業務」などと呼んで「監査類似行為」として「監査」ではないことを明確化しようとする傾向があ

る。ここでは、「監査」は年度末に行われる財務諸表監査に事実上限定され、他の監査類似行為は類似行為であって監査ではないことになる。本章で取り扱った、第三者審査等も、監査類似行為であっても監査ではないという論理である。

　環境監査の拡がりは、近年めざましいものがある。しかしながらそこでの「監査」概念の錯綜は、環境監査に期待する一般大衆と、環境監査、第三者審査（検証）、あるいは ISO 14000 シリーズによる審査などそれぞれの監査人（審査人）との間に多様で大きな環境監査期待ギャップを生む可能性が大きい。もちろん、上記の監査法人のこれまでの環境監査に対する姿勢は、これらの監査期待ギャップを回避しようというものではあるのだが、そのことが一層の混乱とギャップを生んでしまう可能性もまた指摘できるのである。

第9章

無形項目の監査の可能性と監査期待ギャップ問題

1 はじめに

　現代の経営においては，無形項目（インタンジブルズ）の重要性が高まり，あるいは今後将来にわたってその重要性が増すことが確実視されている。そして現在，特にそのような無形項目の中でも，会計的には特にブランドに注目が集まっている。それはとりもなおさず，無形項目の中でもブランドがもっとも会計上，財務諸表に計上する可能性のあり得る項目であるからにほかならない。仮にかかる項目が財務諸表上に計上されることになれば，当然ながらこれらの項目の監査も必要になることはいうまでもない。しかし，かかる監査の問題については，必ずしも十分な検討が行われていないのが現状である。

　無形項目には，具体的にはブランド，人的資源，経営ノウハウや技術力といった多様なものが含まれると考えられる。いずれにしても，これまでは企業内に存在しているはずのかかる超過収益獲得力を，会計上は資産として認識してこなかった。これらを認識することは，すなわち自己創設の無形資産を認識することにつながり，これは従前の会計理論においては常に否定されてきたからである。

　しかしながら，先進国の企業経営が無形項目への投資に傾斜し，それらを前提としたものに移行していく中で，広く無形項目を資産として認識しない会計は正しい認識を行っているとはいえなくなってしまった。無形項目の資産計上は，現代会計にとっていまや焦眉の課題といえるものの，その認識方法は，従前の無形資産とは大きく異なるであろうことは明白である。本章では，そのよ

うな状況を踏まえ，無形項目，そしてより具体的にブランドとの関わりの中で，現代及び将来に監査がいかなる役割を求められ，あるいは果たしうるか，そしてそこでの監査期待ギャップ問題との関連はどのようなことが考えられるかについて考察する。

2 無形項目の監査の形態

　一口に監査といっても，様々な種類があることは周知のとおりである。いま，公認会計士などの会計専門職による外部監査としての財務諸表監査を想起すれば，それは，社会的に独立した第三者である会計専門職が，企業が作成した財務諸表の適正性につき意見表明することにより，それを社会に一般化する過程と捉えることができよう。いいかえれば，企業が私的に作成した財務諸表が社会に受け入れられるためには，財務諸表監査という過程を通してこそそれが可能となっているといえる。さらに付言すれば，仮に私的に作成された財務諸表が社会に受け入れられる必要がないのであれば，そこには財務諸表監査の過程は必要ないともいえる。

　このような見方からすれば，会計情報のオンバランス，あるいはオフバランスが問題となるのは，もしもオンバランスとなれば監査が行われることとなり，ひいてはその情報が社会的に受け入れられるか否かに関わるからであるといってもよいであろう。

　現状でオフバランスとなっている無形項目については，まずそれらをオンバランスとするか否かが問題となる。この点については，本章の課題からはずれるため詳説は控えるが，仮に無形項目がオンバランス化されるとすれば，当然のことながらその監査が行われると考えられ，これを通じてそれら無形項目の存在が社会的に認められることになる。

　逆にかかる無形項目がオフバランスとなるとすれば，監査との関わりという観点からはいくつかの可能性がある。第一は，やはり監査を行う場合である。たとえオフバランス項目であっても，監査を行ってはならないわけではない。

第二は,「監査類似行為」といわれる,現代監査では「監査」と呼ばれない監査行為を行う方法である*1。この場合,「監査類似行為」では「監査」による保証水準を満たさないのであるから,監査類似行為を経た無形項目情報が社会的に受入れられ得るものとなるか否かは,監査論の観点からの検討が別途必要となろう。第三は,監査ないし監査類似行為のいずれをも行わない場合である。この場合,無形項目の情報が開示されたとしても,その社会的な信頼性は限定的なものであるといわざるを得ない。

無形項目の情報は,もちろん内部管理情報としての有用性も否定できない。しかし現在の無形項目への注目は,これがディスクロージャーの対象となった場合の重要性であろう。その際には,上記のような監査の関わりの重要性にもまた,注目されねばならない。

3 「無形」の項目の監査方法

伝統的に,監査証拠は有形のものを基礎にしている。すなわち,まず財務諸表項目のうち有形資産項目は,その実在性を直接に確認することができる,いわば「さわれる」項目である。また,財務諸表項目の実在性を直接的に確認できずとも,当該項目が企業外部との取引によって生じたものであれば,その取引を裏付ける証憑等をもって,その項目の実在性を間接的に把握することができる。これらはいずれも,監査証拠が有形のものによっている例といえる。

しかし,企業外部との取引によらない取引によって生じる項目もある。繰延資産は,そもそもは企業外部との取引に基づいて計上されたものとはいえ,実際に財務諸表上に計上されている金額は,償却を前提とした金額であり,すなわち監査上は毎期の償却額が適正か否かを確認して繰延資産の計上額の適正性

---

*1 周知のように監査類似行為には,レビューや検証などが含まれ,これらは監査よりも保証水準が低いものと考えられている。しかし私見では,これらの行為も理論的には広く監査の現象に含まれる。一般的には,現代監査においては,これらの行為を監査と切り離し,「監査」とは保証水準において最高水準のものとされ,監査類似行為はその意味で監査とはされない。

が確認できることになる。この償却額は，法律上の規定に基づいて計上されていることはいうまでもない。このため，監査上は，その規定の適用が正しく行われているか否かをチェックすることになる。

また，減価償却費の計上は，ある種の仮定に基づいて行われている。企業会計上は，耐用年数，残存価額を見積もった上で，定額法や定率法などの一定のモデルに当てはめて毎期の減価償却費が決定される。監査上は，これらの仮定や規定上認められているモデルの適用の可否が判断され，減価償却費金額の計上の適否が判断されることになる。このような，減価償却計算の会計への導入が，監査にとって質的に大きな変化をもたらしたことは，すでに本書第2章でもみたところであった。

さらに，近年基準化された退職給付費用の計算にあたっては，退職時の退職給付総額を一定の利子率をもって割引計算し，決算時における退職給付債務を算出することになる。これもまた，ある種の仮定をもとに認められた一定のモデルに当てはめた計算の結果を利用して財務諸表に計上するものであり，監査にあたっても，これらの仮定やモデルの利用の適正性がチェックされて当該項目の適否が判断されることになる。

これらはいずれも，その存在を直接的に把握できない，いわば「さわれない」項目である。すなわち，広い意味では，現行の財務諸表上に存在する「無形」の項目である。そしてこれらは，その計算のための一般に認められた何らかのモデルに基づいてその金額が計算されている。そして，計算のためにそのモデルに投入される数値には，ある種の仮定を含むこともある。

これらの項目については，監査上は，①「モデル」の適正性，と，②そのモデルに投入される数値の適正性，とを検証することによって，結果として算出される財務諸表項目の金額計上の適正性を証明することになる。

①についていえば，そのモデルが認められた一定のものでなければ，検証可能性を失う。これは，実務の中で一般に公正妥当とされるものの中から，会計基準として制度化されて利用されることによって，モデルの安定性，一般性が獲得されることになる。また②についていえば，ここへは客観的に検証が容易

な数値，たとえば取得原価が入ることもあれば，仮定を含む数値，たとえば耐用年数や残存価額が入ることもある。前者の場合には，監査上検証は容易といえるが，後者の場合には，もちろんその仮定が適切か否かも含めてチェックされねばならない。

4 「有形」項目の無形項目化

　上記のように，有形資産に代表される財務諸表上の有形項目は，その実在性が「さわって」検証できる項目であるだけに，モデルや仮定によらずともその金額の妥当性を確認できてきた。しかしながら，時価評価の導入によって，監査上，仮に当該項目の実在性を確認できてもその金額の妥当性を監査人が直接に確認できないケースが増えてきている。

　時価評価による不動産はその典型である。すなわち，不動産それ自体の実在性は監査人自身，容易に確認できるであろう。しかしながら，その時価がいくらかとなると，不動産鑑定士など他の専門家の出した結果に依拠せざるを得ない。逆に言えば，財務諸表上に計上された金額は，監査人以外の専門家によって算出されたものと考えられるから，監査人はその専門家の信頼性をチェックするか，あるいは自ら同様の専門家に依頼して金額を得るしかない。この場合，専門家の信頼性をチェックすることはできても，出てきた金額そのものがどのようにして計算されたかについては，監査人は事実上チェックできない。いわば，この不動産鑑定士のような専門家は，監査人にとってはブラックボックスとなっている[*2]。

　監査人が依拠する専門家は，通常は一定の資格要件などによってその信頼性が担保されていると考えられる。すなわち，かかる資格要件を持つ一定の専門家集団を前提にすることで，監査人はブラックボックスから出てきた結果の信頼性を得ているということになる。しかしながら，仮に同じ資格を持つ専門家

[*2] 田中弘教授は，この観点からも時価主義を厳しく批判している。たとえば，田中（2001），122-123頁を参照されたい。

であっても、人が違えば結果が同じになるとは必ずしも保証できないことは明らかであろう。異なる不動産鑑定士に土地の価額鑑定を依頼したとき、必ずしも同じ金額が提示されるとは限らないということである。

これは、結果として出てくる時価の数値が、必ずしも安定的ではないことを意味する。しかしながら、時価評価を前提にすれば、そのような不安定性、いわば検証可能性の不安定性を含めた上で、監査を行わざるを得ないということである。

誤解を恐れずにいえば、監査の立場からはこのような状況は、「有形」項目のインタンジブル化、とでもいいうることであろう。そして、検証可能性の不安定性という点では、先の「無形」項目のモデルによる金額算定よりも、より問題点を含んでいるといえる。

5　無形項目の監査へ向けて

今後、財務諸表における無形項目の金額的、質的両面からの重要性が高まることは疑い得ないことといえよう。これは、ハードな証拠に依拠してきた伝統的な監査のあり方を再考せざるを得ない状況を生み出す。

その際、監査手続のありようは、ここまでの検討からすればおそらくは以下のような可能性があると考えられる。

第一は、無形項目が企業外部との取引を通じて計上される場合である。この場合は、取引によって無形項目の金額が確定するため、少なくとも取得原価は把握することができる。取得価額は公正価値と考え得るから、その限りにおいて、この場合は監査上の問題は比較的少ない。取引の有無とその金額を、証憑等のハードな証拠に依拠すれば事足りるからである。

ただしこの場合も、果たして取得価額が無形項目を正しく評価したものなのか否かには疑問が残る。過大な無形項目の計上は、たとえそれが取得価額を示したものであっても財務諸表をゆがめる可能性がある[*3]。さらに、取得した無形項目を資産計上するとすれば、それを償却するのか、という問題がある。仮

に償却するとすれば,その償却期間や残存価額の決定については,従来の他の資産と同様に扱ってよいかどうかの検討が必要であろう。

また,取得した無形項目を次期以降時価評価するとすれば,その価額決定をどのようになすかが結局問題となる。もちろん,当該無形項目に市場があり,市場価額が容易に得られるのであれば問題は少なかろうが,かかる市場が存在する無形項目は,おそらくはあまりないのではないかと考えられる。この場合は,以下の第二の場合と同様の検討が必要となる。

すなわち第二は,無形項目が企業外部との取引を通じずに計上される場合である。これは,自己創設の無形項目を計上する場合であり,後述のブランドの計上のように,今後会計上問題となる無形項目の多くは,このケースに該当することが想定される。

ここで,企業が自己創設で計上した無形項目を監査する方法としては,2つの可能性があるように思われる。

まず,当該無形項目については,他の専門家に評価をまかせ,その専門家の結果を利用する形で監査を行う,という可能性である。これは,当然ながら,一定の資格要件を持つ当該無形項目についての専門家が存在していることが要件となる。それは社会的に認められたものでなければならないのは言うまでもない。

しかしながら,だとしても,不動産の時価評価における不動産鑑定士のように,同じ無形項目に対して複数の専門家では異なる評価結果が得られる可能性

---

*3 1990年に破綻した,イギリスのポリー・ペック・インターナショナル(Polly Peck International;PPI)の事例は,それを示す一例である(第3章参照)。同社は,食品のデルモンテ(Del Monte)と電機メーカーの山水電気を買収し,急成長したが,その買収に際しては,両社を「世界をリードするブランド・ネーム」として高く評価し,計上していた。そして,1989年のPPIの財務諸表上の固定資産約7億9,000万ポンドのうち,デルモンテに関する部分が実に約5億7,400万ポンドに及んでいた。かかる状況はPPIの財務諸表を著しくゆがめ,同社破綻の一要因になったとして,監査を行っていたクーパース・アンド・ライブランド・デロイト(Coopers & Lybrand Deloitte)は厳しく批判されるに至っている(Pijper (1993), pp. 149-150, *Accountancy Age*, 17, October 1991, p. 3, 23 January 1992, p. 1, 27 February 1992, p. 1)。

を否定できない。その意味では，監査上はその検証可能性に一定の限界があることを当初から前提しておかねばならないことになる。

　今ひとつの可能性は，無形項目を評価する方法（モデル）が明示されており，それが社会的に受け入れられているとすれば，監査人はそのモデルの適用の妥当性，モデルに投入された数値が適当か否かを検証すればよい，ということになることである。つまり，無形項目の認識は，計算モデルを利用して行い，そのモデルによって計算された結果をもって評価額となる。この場合には，先の他の専門家の結果に依拠する場合と比較して，より検証可能性は高いということができる。それはすなわち，財務諸表上に計上された無形項目が，監査を通じて社会に受け入れられやすい，ということにほかならない。

　しかしながらこの場合には，その前提として，使われるモデルが明示されており，その計算過程がはっきりしていること，さらにはそれが社会的に受け入れられていることが重要となる。前者の要件は，使われるモデルに計算過程がわからない部分が存在しない，ということであり，端的にはブラックボックスとなるような部分がない，ということである。さらに付言すれば，かかるモデルは計算過程が明示されているのみならず，できるだけ単純なモデルであることが望ましい。単純であればあるほど，社会の多くの人々に受け入れられやすいからである。

　後者の要件については，理論的に言えば，提案される多様なモデルの中から，実務の中で特定のモデルに集約されていくことになろう。もちろんその結果，選ばれたモデルは会計基準として成立し，財務諸表の比較可能性が担保され，監査も可能になるのである。

　基本的には，かかるモデルを利用した無形項目の価値の計算が，会計上は具体的に追及されていくこととなると考えられる。それはすでに，無形項目の中でもその検討が始められているブランドにおいてその方向性をみることができる。2002年に，経済産業省ブランド価値評価研究会が示したブランド評価モデルはこの典型であって，ここではブランドという無形項目をあるモデル式によって評価，計算することになるのである。そこでここからは，これを中心に

ブランドの監査の問題を検討することとする。

6 ブランドの監査

(1) モデルによる価値評価と監査

　ブランドを典型とする無形項目の価値が，モデルによって評価されるということそれ自体について，その計算の信頼性について疑問が呈されるかもしれない。しかし，現行の会計実務上も，このようにモデルによって財務諸表上の数値が決められることは特に珍しいことではないのである。会計上，期間損益計算が重視されて以降，むしろかかるモデルによる計算は会計実務に広く導入されてきたといってよい[*4]。

　たとえば，前述のように減価償却は，目で見たからといってその減価を認識できるものではない。期間損益計算という観点から，耐用年数や残存価額を仮定し，定額法や定率法といったモデルにあてはめて固定資産の価値を数期間に配分しているにすぎない。もちろん，現実の固定資産の耐用期間は，会計上の耐用年数とは異なることがむしろ常態であろうし，残存価額にしても，帳簿上の残存価額で固定資産が最終処分できることはまずなかろう。そのようなことは十分に前提された上で，モデルによる計算がなされているのである。

　この場合，監査はどのようになされているかといえば，監査人が固定資産のある現場に行って減価部分を実測するわけではないことは明らかである。すなわち，基準に合致したやりかた，モデルに沿って減価償却が行われているかを確認し，減価償却費の監査を行っているのである。

　また，近年導入された退職給付費用の計算にあっても，明らかに，モデル利用による財務諸表項目価額の決定が行われている。監査過程では，この場合にも，当該モデルの適用の妥当性の検証が中心になることはいうまでもない。

　このように，現行会計実務においても，すでにモデルによる財務諸表数値の

---

　*4　吉見（2002 a），118頁。

計算,開示が行われており,監査がこれに対応しているのである。

(2) ブランド価値評価モデルに利用される数値の監査

ブランドのような無形資産評価にモデルによる計算を導入することは,監査にとっても従前の無形資産と比べて大きな違いをもたらす。すなわち,かかる場合,監査手続的には,

① 計算に利用されたモデルの妥当性
② 当該モデルに投入された数値の妥当性

が検証されねばならないことになる。

ここで監査証拠を得るためには,まず①については,そのモデルが一定の認められたものである必要がある。モデルがどのような構造を持つかは,計算結果(評価額)に直接的に大きな影響を及ぼす。企業が自らに都合のよいモデルを利用するのでは,出てきた結果(評価額)には信頼性がなく,客観性,他社との比較可能性もない。評価モデルについての基準が存在せず,モデルがどのようなものであってもよい,ということでは,監査のしようもないことは明白である。

②については,モデルに投入された数値の出所が問題となる。すなわち,ここで利用される数値には,

i 誰もが利用可能な公開された数値
ii 企業内部には存在するが公開はされていない数値
iii 企業外部との比較の結果得られる数値

がありうる。

iについては,公表財務諸表中の数値や日々形成される株価などの数値であり,その客観性に問題はない。監査上は,誤った数値が利用されていないかなどの誤謬の検証を行えば済む。

iiについては,企業が内部管理用に作成している数値がほとんどであり,客

観性の点では i に比して劣る。たとえば，本社管理費用を例に取ると，そこにどのような費用を算入するかは，企業によりかなり異なることはよく知られている。このような，企業内部にのみ存在する数値をモデルによる評価に利用する場合には，その数値の作成された過程を含めて監査人が検証し，これを利用した結果としてのブランド評価額の比較可能性を監査過程を通じて担保する必要がある。

iii は，たとえば業界内での売上高シェア，といったものであり，自社の持つ資料のみからはそもそも計算できない数値である。この場合には，ここでいう業界にどの企業が入るのか，等々の事項が，一意的に権威ある機関あるいは基準等で定められれば客観性が付与されることとなり，監査人はそれに沿った検証を行えばよい。しかしながら，単に自社が主張しているだけのものであれば，それは客観性という点ではきわめて問題のある数値を生むこととなり，監査上証拠として捉えることは難しいと考えられる。

7　経済産業省モデルによるブランド価値評価と監査

（1）　透明性ある会計的ブランド価値評価モデルと監査

　経済産業省ブランド価値評価研究会によるブランド評価モデルは，そこで利用した数値について以下のような特徴を持っている。すなわち，同研究会報告書（以下，「報告書」という）によれば，「貨幣額で測定できる経済事象のみを対象とする会計サイドからすれば，マーケティング・アプローチでブランドを評価することは測定の信頼性を欠くところから，このアプローチを採用することはできないと考えられる。したがって，評価モデルで用いるデータは財務諸表監査の対象である公表財務諸表を中心とする財務データのみとすることにした」（「報告書」，VI-2-2）とされる。すなわち，業界内シェアや消費者による企業イメージといったマーケティング要素をブランド価値評価モデルへの投入数値からははずし，基本的に公表財務諸表中の財務数値のみを利用したモデルとしたのが経済産業省モデルである。したがって，ここで利用される数値は，前節

の分類における i に該当する数値であり，公表された，かつすでに監査済みの数値を利用することになる。この結果，それにより生み出されるブランド価値額は，数値としてはきわめて「固い」数値となる。監査上も，それらの数値の妥当性の検証は不要であり，モデルにおける計算過程のみを検証すれば足りることになる。

　ブランドが資産として認識されるための要件として，「報告書」はFASBの概念ステートメント（Statement of Financial Accounting Concepts；SFAC）を参照した上で4つの認識規準を挙げている。このうち，認識規準としての「信頼性」を担保するためには，「一般にかかる『信頼性』は公認会計士または監査法人による財務諸表監査によって担保されるといえる。ブランドの場合にも，財務諸表監査の対象となるか否かが『信頼性』の有無の判断基準になるが，本研究会のブランド価値評価モデルもその評価額も財務諸表監査の対象となる公表財務データのみを用いているので，何ら問題がないといえる」（「報告書」，IX-1-11）とする。すなわち，一般論として監査の必要性を述べているものの，後段の表記でも明らかなように，経済産業省モデルの場合には，監査済みの公表財務諸表データのみを利用していることから，事実上，そのデータを利用したブランド価値そのものも自動的に信頼性が付与され，すなわち改めて信頼性を担保するためのブランド資産の監査の必要性は薄いことが示唆されているのである。

　このように，経済産業省モデルによるブランド価値評価は，その資産計上にあたって問題となるであろう監査可能性，すなわち，ブランド価値評価モデルにマーケティング要素を組み入れた場合のそれら要素の妥当性の監査という，監査上きわめてやっかいな課題を公表財務諸表の財務データのみを用いることにより回避しているということになる。したがって，このモデルによっていま仮にブランドを資産計上したとしても，その妥当性の監査にあたって，監査上新たな技法を付加する必要性はなく，ブランド資産が計上されている財務諸表が，現行の方法でもって監査可能なのである。

（2） モデルへの代替数値利用の可能性と監査

　ところで，経済産業省モデルに利用されている要素は，モデルの透明性を保持し，前節ⅰの性質を有する現時点で利用可能な最善のものが利用されていると考えられる。しかしながら，これは現時点で，ということであって，ここで利用された数値以外の数値が等しく利用可能であるならばその可能性が否定されているわけではない。

　たとえば，ブランド評価モデルを構成する３つのドライバーのうち，その最も基礎となるものと考えられるのがプレステージ・ドライバーであるが，その構成要素としてブランド起因率がある。経済産業省モデルによるブランド価値評価では，実際の計算シミュレーションにあたって，ブランド起因率として広告宣伝費比率が用いられた。この点について，「報告書」は，「本研究会はブランド起因率の算定にあたり，個々の企業が財務諸表監査による信頼性を担保できるならば，ブランド管理費用を用いるのが望ましいと考えるが，公表財務データに制約がある現状においては，広告宣伝費比率を用いても，その客観的妥当性については何ら問題がないところからシミュレーションにあたっては，広告宣伝費比率を用いることにした」(Ⅵ-3-1-11)，「ブランド価値の詳細な算定のためには，ブランド管理費用の範囲はもとより，広告宣伝費の範囲，開示箇所等についても，比較可能性が担保されるような制度整備が望まれる」(Ⅵ-3-1-12) としている。

　すなわち，現状では信頼性ある数値としてのブランド管理費用が得られないためにこれをシミュレーションに使っていないものの，仮にその開示が求められて信頼性が担保される場合にはその利用の可能性を否定しているものではない。また一般への開示にまでは至らないとしても，ブランド管理費用の範囲，その算出についての実務指針が整備されれば，それをもとにして企業がブランド管理費用を計算してブランド価値評価に利用し，その妥当性については実務指針に従って監査人が監査を通じて担保する，ということも考えられよう。

8 ブランドの開示方法と監査

(1) 「報告書」の示すブランドの開示方法

ところで,ここまでブランドが資産計上された場合の監査上の問題点,そしてその際,経済産業省モデルを利用した場合の監査上の利点を検討してきたが,経済産業省ブランド価値評価研究会報告書は会計基準ではない以上,これをもって資産計上が強制されるような性質のものではない。経済産業省モデルは,それにより価値評価されるブランドが資産計上にも耐えうることを念頭に構築されているが,そのことは財務諸表上への資産計上と同義ではないことは論を待たない。ブランド価値評価は,今まさに始まったばかりの実務であって,本来,会計基準論的にいえば,実務の発達,すなわち,ブランドの価値評価が普遍的な会計実務となってこそ,基準化の意義も生まれることになる。監査は,そのような資産計上が必須となって必要とされるはずであって,現状では,実のところブランド価値評価にあたって監査がただちに必要とされる状況にはないのである[*5]。

すなわち,ブランド価値評価と監査との関連は,将来,ブランドがいかなる形で開示されるかということと密接な関連を持つ。

「報告書」では,ブランドの開示(ディスクロージャー)について,以下の3つの可能性を示している(「報告書」IX-2-1)。

① 現行の財務報告制度のもとで,連結財務諸表でディスクローズする案
② 現行の財務報告制度のもとで,連結財務諸表に対する注記等としてディスクローズする案

[*5] 経済産業省モデル以前にも,民間コンサルティング会社等においてブランド価値評価は行われてきた。これは,クライアント企業の依頼に基づいて行われてきたものであり,当然ながら監査対象とはなっていない。しかしながら,かかる未監査情報が現実に何らかの形で投資家に伝えられ,投資判断,株価形成の要素となっているとすれば,その情報の客観性,モデルの透明性が確保されていないだけに,情報公開の観点からはむしろ問題があるといえる。

③ 現行の財務報告制度にとらわれずに，ビジネス・リポーティングの一環としてディスクローズする案

①および②による場合，当然ながらその連結財務諸表およびその注記が制度監査の対象となるときには，そこに含まれるブランド資産も監査対象となることになる。

(2) ビジネス・リポーティングと監査

ここで議論となるのは，③のビジネス・リポーティングの中でディスクローズされる場合であろう。

ビジネス・リポーティング (business reporting) は，財務報告 (financial reporting) に対して，会計数値にとらわれず広く企業情報を開示するための手段として考えられている。これは，アメリカ公認会計士協会による「財務報告に関する特別委員会」(Special Committee on Financial Reporting)，通称ジェンキンス委員会が 1994 年に出した報告書[*6]において提示されたものである。

ジェンキンス報告書では，ブランドのような自己創設の無形項目の情報としての重要性を認識しながらも，これを財務諸表本体に計上することには消極的な見解を示している。しかしながら，むしろそれ故に，かかる無形項目情報はビジネス・リポーティングに適した情報として示されている[*7]。

本章との関連から言えば，ビジネス・リポーティング情報と監査の関わりはいかなるものになるかが問題となる。この点について，ジェンキンス報告書では，ビジネス・リポーティングによる情報であっても，それが投資家に向けたものである限り，監査人の関与は必要であるとの立場を取っている。

ビジネス・リポーティングには，ブランドのように貨幣額で評価された情報が掲載される可能性がある反面，貨幣評価されない，あるいはできない情報も掲載される可能性がある。この場合，これに監査人が関与するとすれば，少な

[*6] AICPA (1994). 以下，ジェンキンス報告書とする。なお，邦訳においては，ビジネス・リポーティングを事業報告と訳出されている。

[*7] AICPA (1994)，邦訳 173-175 頁。

くとも従来の財務諸表監査の枠組みでは対応できない可能性が高い。現代の監査論では，「監査」でない，より保証水準の低い各種の監査類似行為が認識されているところでもあり，ビジネス・リポーティングの監査にあたっては，「監査」でないかかる監査類似行為の一環として監査人が関与することも可能性としてあり得よう。

　一方，ジェンキンス報告書では，監査人の関与をより積極的に現在監査されていない情報にまで拡張し，監査人が分析的コメントを記載できるように監査報告書を拡張することを勧告している[*8]。そのためには，新たな基準づくりや，場合によっては監査人について新たな技能の修得が求められる可能性があるが，その可能性をも含めて，従来の監査を拡張し，高い保証水準でもって監査がなされたビジネス・リポーティング情報を投資家に提供することが勧告されているのである。

　ビジネス・リポーティング自体は，普及した実務となっているわけではもちろんなく，ジェンキンス報告書で示されたこれに対する監査の方向性も現実のものとなるか否かは現時点では不明である。しかしながら，経済産業省モデルのようなブランドの会計的評価方法が具体的に示された今，ブランドの計算，資産性，そしてその開示の問題が早晩俎上に上ることは間違いないところであろう。

　経済産業省モデルによるブランド価値評価が，直ちにブランドを財務諸表上に資産計上しうることを前提に作成されていることを鑑みれば，開示方法としてビジネス・リポーティングが選択されることは，財務諸表上での資産計上に心理的な抵抗感があるなどにより実務上これがすすまない場合の代替案，あるいは将来の資産計上までの経過措置としてのこととなる可能性が高い。しかしながらこの場合には，ここで示したように，監査上は，ブランド価値評価そのものの問題でなく，ビジネス・リポーティングの監査がどうあるべきか，という大きな課題をまず解決する必要性があることになる。

[*8] AICPA (1994), chapter 7.

9 無形項目，ブランドの監査と監査期待ギャップ問題

　無形項目の評価の必要性は，第一に，現行の監査期待ギャップ問題との縮減との関係で理解することができる。

　すなわち，現在認められる監査期待ギャップの中には，第5章でみた，AAA（1991）のいう会計期待ギャップが含まれていることが考えられる。会計期待ギャップとは，現行会計基準が十分でないために結果として監査人に対して生じてしまう期待ギャップである。いま，企業の無形項目の重視，無形項目への投資の増大，すなわち経営の無形化が進行していることは事実であり，しかしながら現行の財務諸表は，かかる現象を正しく認識しえていない。とすれば，かかる部分での会計期待ギャップの増大が想定され，結果として監査期待ギャップの増大を生んでいる可能性がある。すなわち，無形項目の会計的な認識と，その監査によって，無形項目を認識しないことによる会計期待ギャップを縮減し，これにより監査期待ギャップを縮減する結果が期待できるのである。ブランドの計上，監査は，そのための具体的で重要な一歩であると考えられる。

　一方で，無形項目の評価方法がきちんと確立されていなければ，当然ながら監査も正しく行い得ない。何より，客観的で信頼性ある評価モデルの確立は，監査のために欠かせない要件である。したがって，第二に，仮にかかるモデルの確立が不十分なままに会計的認識が行われ，さらに監査が行われるとなれば，財務諸表に重要な影響を及ぼす項目である無形項目の信頼性，そしてその監査の信頼性が揺らぐことになり，ここに新たな期待ギャップの可能性をみることになる。

　現代の会計は，不可視化の様相を強めていると言われる。時価会計の導入は，一般には財務諸表の透明性を高めたと評価されているが，反面，監査上は，監査人にとっての専門性を生かす場を失わせることとなるという批判もある[*9]。監査人にとって，監査対象の不可視性が増しているともいえる。これは

監査期待ギャップ問題を考えるときには大きな問題である。

かかるなかで，経済産業省モデルによるブランド価値評価モデルを評価すれば，これは現代の公正価値会計の潮流を認めながらも，監査にとっての不可視性を極力排しようとしたものと見なすことができよう。今後の会計実務の展開，特に，ブランドに続くであろう各種無形項目の認識にあたっても，かかる監査の視点からの検討が重視されねばならない。

10 おわりに

本章では，無形項目の監査の可能性について検討してきた。その結果，明示的なモデルが会計基準として成立していることが，自己創設の無形項目の評価，無形項目の時価評価を考えるときに，監査の面から見て望ましいと考えられた。

しかしながら，果たして無形項目を財務諸表上に計上すべきなのか，あるいは，無形項目を監査対象とすべきなのかという点そのものが未だ今後の議論の対象となるであろうことにも再度留意しておかねばならない。実際，今後俎上にのぼるであろう多様な無形項目を目にするごとに，それらの会計情報としての有用性は認めながらも，それを財務諸表に計上し，あるいは監査対象とすることには，多くの反対意見や抵抗感があろうと思われる。

しかし，もしもかかる会計情報が真に社会的に必要とされているのであれば，それは監査プロセスを経たものであるべきことを認識しなければならない。会計情報は，監査を経ることによって社会的に認められた情報となるからである。

また，無形項目の経営上の重要性が増す中で，仮にこれがオフバランスとされたまま経過すれば，それを通じた利益の操作が可能となり，結果として既存の財務諸表がゆがんでしまうという可能性も否定できない[10]。これは監査上

　＊9　田中（2001），121-123頁。
　＊10　Lev（2001），pp. 101-102, Griffith（1995），chapter 12.

も，重要な問題となる。かかる点からも，無形項目のオンバランス化，監査対象化が近い将来に必然となる可能性の認識が必要である。

　我々が無形項目の会計を論じる際には，それを情報として作成した場合の監査可能性にも留意する必要があるのである。

第10章
監査期待ギャップの国際的階層化
—エンロン事件とその対応—

1 はじめに

　2001年12月に破綻したアメリカ・エンロン社による不正経理（粉飾決算）事件は，その規模の大きさもさることながら，その監査に携わった会計事務所アーサー・アンダーセンによる証拠隠滅などの不正もあって，未曾有の「会計不信」現象をもたらした。その結果，アメリカでは「企業改革法（Sarbanes-Oxley Act；サーベインズ・オックスリー法）」に代表される，各種の会計，監査上の改革が行われることとなった。

　ここまで本書においてみてきたように，アメリカでは1960年代以降に顕在化した監査期待ギャップ問題への対応として，監査基準の改訂を中心とした様々な監査上の改革がなされてきた。そして21世紀に入り，エンロン事件はかかるアメリカの監査制度を改めて再検討する契機となったのである。

　本章では，エンロン事件を初めとする会計不信現象とその対応について，これを監査期待ギャップ問題の展開という観点から検討し，この問題の現代および未来への展望をみることとする。

2 エンロン事件

(1) エンロン社の概要

　エンロン社（Enron Corp.）は，1985年に天然ガス会社であるヒューストン天然ガス（Houston Natural Gas）とネブラスカ州オマハの天然ガス会社インター

ノース（InterNorth）が合併して成立したものであり，86年にエンロンの社名に変更し，ヒューストンに本社が置かれた。同社は，天然ガス，石油を中心としたエネルギー会社であり，80年代以降のアメリカのエネルギー市場の規制緩和を背景に急成長した。

89年には，天然ガスのリスクヘッジ商品の販売（ガス・バンク事業）を始める。すなわちこれは，金融デリバティブ商品を組み合わせて，顧客に一定価格での天然ガスを供給するリスクヘッジサービスである。電力事業の規制緩和に伴い，同様の事業は94年から電力でも展開され，エンロンはアメリカ最大の電力販売業者になるのである。また97年からは，上記のエネルギーと同様の方法で，石炭，金属，プラスチック，紙パルプなどの他の商品についてもこれを利用し，天候デリバティブ商品を販売する。さらに98年には企業向けインターネットプロバイダーのリズム・ネットコミュニケーション社に出資し，インターネット事業に進出する。同社は，株式公開によりエンロンに3億ドルの含み益をもたらしている。また99年からは，商品をインターネット上で取引するエンロン・オンラインを立ち上げている。

そして2000年8月には，売上が1,000億ドルを超え，『フォーチュン』誌による「フォーチュン500」では第7位となり，株価も最高値（90ドル）を記録するまでに成長し，アメリカを代表する企業となったのである。

（2） エンロン事件の概要

この事例は，エンロンによるSPE（Special Purpose Entity；特別目的事業体）等を利用した粉飾経理事例である。

エンロンは，連結対象外としたSPEに資産を売却し，エンロン本体からオフバランス化することにより株価および格付けの維持を図った。これは，業務の拡大に伴う負債の増加がエンロン本体の財務諸表に影響を与え，株価および格付けを悪化させることは，エンロンにとっては問題であったからである。すなわち，デリバティブ商品を扱うエンロンにとって投資格付けの維持は重要であり，また株価の維持はエンロン役員のストック・オプションによる収入確保

のために必要であったのである。

93年に、エンロンはカルパース（CalPERS；カリフォルニア州公務員退職年金基金）と共同で、エネルギーに対する投資ファンドである共同エネルギー開発投資パートナーシップ（JEDI；Joint Energy Development Investment Limited Partnership）を設立した。JEDIに対する出資は折半であったため、JEDIはエンロンの連結対象から外されていた。なお、エンロンの出資は自社株式によるものである。これにより、エンロンはJEDIを通じて自社の資産・負債をオフバランス化することができたのである。

97年に、エンロンはJEDIに対するカルパースの出資分を買い取るために、SPEであるチューコ社（Chewco Investment L. P.）を設立したが、ここで当然のようにチューコもエンロンの連結対象外とされる。しかしながら、2001年のアーサー・アンダーセンによる同社取引の再検討においては、チューコのエンロンからの独立性は否定され、本来は連結対象とすべきであったとされたのであった[1]。

またエンロンは、リズム・ネットコミュニケーション社への投資による株式評価損益がエンロンの損益計算書に与える影響をヘッジする目的で、99年にSPEであるLJM1（正式名称は、LJMケイマン（Cayman）L. P.）を設立している。同社の目的はエンロンにとってのリスクヘッジであったが、結果的にはこれは成功せず、後にエンロンと連結処理された際にはエンロンが損失を計上しなければならないことになる。LJM1も連結対象とされていなかったが、やはりその独立性は後に否定され、本来連結対象とすべきものであった。

99年には、やはりSPEのLJM2（正式名称は、LJM2 Co-Investemnt L. P.）が設立された。これはラプター（Raptor）Ⅰ～Ⅳと呼ばれる、エンロンの投資リスクヘッジを目的とした取引に使われた4つのSPEに出資するためのSPEで、これによりラプター取引に使われたSPEがエンロンの連結対象から外された。

---

[1] みずほ総合研究所（2002）、18頁。

この他にも多くのSPEが設立され，エンロンの資産・負債がこれらSPEに「飛ばされ」て，エンロン本体の財務諸表が粉飾されていたのである。

そもそもSPEが連結対象外とされるためには，①独立した第三者がSPEに対して十分な持分投資を行っていること，②独立の第三者による投資が実質的であること（一般的には，SPEの総資産または負債資本合計の3％以上であること），③独立の第三者がSPEの支配財務持分を保有すること（一般的には，SPEの議決権の過半数を保有すること。独立の第三者の持分合計が総資産の3％だけの場合はそのすべての持分を保有すること），④独立の第三者のSPEへの投資は実質的なリスクを負っていること（投資およびリターンが他の主体によって保証されていないことなど），の全てを満たさねばならなかった[*2]。しかしながら，エンロンの場合にはかかる要件を満たしていないSPEが連結対象から外されていたのである。

このようなエンロンの会計に疑問が呈されるのは，2001年に入ってからである。同年3月には，『フォーチュン』誌がエンロンの高株価に疑問を呈する記事を掲載し，株価も下落する。8月には，エンロンで資金調達を担当していた会計士が匿名でエンロン会長に自社の会計問題を指摘した内部告発文書を送り，事件発覚の契機となる。そして9月には，エンロンの監査人であったアーサー・アンダーセン会計事務所がエンロンに対し修正報告を求め，10月16日，エンロンは2001年第3四半期に7億1,000万ドルの損失を計上すると発表，11月8日および11月19日にその再修正の発表を行う。そして12月2日，ついにエンロンは，アメリカ連邦破産法第11条の適用を申請して倒産したのである。

（3） エンロンに対する監査人の対応

エンロンの監査人は，前述のようにいわゆるビッグ5（当時）の一角であったアーサー・アンダーセン会計事務所であった。同事務所は1918年にアンダ

---

*2　みずほ総合研究所（2002），14頁。

ーセン・デラニー事務所を母体に設立された伝統ある会計事務所であり，主として電力等の公益事業に強い会計事務所であった。同事務所は，エンロンの前身の1つ，インターノースの監査を担当しており，エンロン設立後も引き続いて監査を担当していたものである。同事務所は，エンロンから2000年度で監査契約による報酬2,500万ドル，コンサルティング等の契約による報酬2,700万ドルの総計5,200万ドルを受け取っており，この巨額の報酬でも明らかなように，同事務所にとってエンロンは主要顧客の1つであった。

アーサー・アンダーセン会計事務所は，2002年3月，アメリカ司法省により起訴され，6月，ヒューストン連邦地方裁判所において有罪の判決を受けた。これは，同事務所がエンロン事件に関する資料を破棄し，司法妨害を行ったというものである。エンロンの破綻直前の2001年10月23日から11月8日にかけて，アーサー・アンダーセン会計事務所が約1トンに及ぶエンロン関係の書類を破棄し，また電子メール等のコンピュータ上の約3万点のファイルを消去したことが犯罪行為として訴追されたものである[*3]。

かかる関係書類等の廃棄の事実は，すでに2002年1月に明らかになっていた。また同年2月から，アメリカ議会ではエンロン事件についての公聴会が開かれており，ここにはアーサー・アンダーセン会計事務所の会計士も召還されていた。かかる中ですでに同事務所からの顧客離れが進んでいたところであるが，上記の判決を経て同年8月31日をもって上場企業の監査業務から撤退，これにより事実上同事務所は破綻したのである。

裁判においては，上記のように司法妨害がその罪状であったために，アーサー・アンダーセン会計事務所がエンロンの粉飾経理を認知していたのか，あるいはそれに協力していたのか否かについては明白ではない。しかしながら少なくとも，SPEを利用した会計処理をコンサルティング業務として指導し，同時に監査の立場からはかかる処理に問題があることを認識していたと考えられる。

---

*3 Squires et al. (2003)，邦訳5-6頁。

アーサー・アンダーセン会計事務所は，ビッグ５の中でも早くからコンサルティング業務に傾注し，その収入割合の多い事務所であった。一方，監査部門とコンサルティング部門を組織的に分離する中で，両者の間には対立関係もあったとされる[*4]。かかる収益源としてのコンサルティング業務と，監査業務との矛盾，そしてまた，逆に両者の非連携がエンロン事件を生起させ，あるいは発見・防止し得なかった理由と考えられる。

3 「会計不信」の増大

（1） ワールドコム事件

エンロン事件により会計および監査に対する不信が高まる中で，その「会計不信」を決定づけた事件が2002年6月に起こった。2001年度および2002年度第1四半期にかけての約38億ドルの粉飾経理が発覚し，アメリカ史上最大の倒産となったワールドコム事件である。

ワールドコム（WorldCom）は，通信分野の規制緩和の中で業績を拡大した通信インフラ会社であり，長距離電話事業およびインターネットサービスが事業の中心である。その粉飾額は巨額であるが，粉飾の内容は，特に先述のエンロンのSPEを利用した複雑さに比すれば単純である。すなわち，本来は費用計上すべき「ラインコスト」と呼ばれる他の通信会社への回線使用料の一部を，資産計上していたというものである。SECはワールドコムの発表を受けて証券取引法違反（有価証券報告書虚偽記載）でニューヨーク連邦地方裁判所に提訴した。ワールドコムは資金繰りに行き詰まり，7月に連邦破産法第11条の提供を申請して倒産した。

ワールドコムもエンロンと同様に公益事業を営む企業といえ，その監査人も同様にアーサー・アンダーセン会計事務所であった。同事務所は，2002年5月にワールドコムから契約解除されているが，ワールドコム事件がアーサー・

[*4] 八田（2002），30-31頁。

アンダーセン会計事務所にとってエンロン事件に加えて大きな衝撃となったことは事実である。そしてアメリカ全体に，会計，監査への不信が拡がったのである。

(2) 企業改革法とPCAOBの設置

「会計不信」ともいわれる現象は，監査の面では単にアーサー・アンダーセン会計事務所のみの問題には止まらなかった。エンロン事件においてアーサー・アンダーセン会計事務所は，コンサルティング業務と監査業務の関係，そして監査人としての独立性を疑問視された。これは会計専門職による監査一般に及んだのである。

この問題に対するアメリカ議会による対応が，「企業改革法」である。同法は2002年7月30日に成立し，その対応の早さはまさに異例と言えるものであった。

同法は，企業不正に対応するために広範な内容を含んでいるが，監査および会計専門職に関連する点は，大きくは以下の2点があると考えられる。

第一に，監査人の独立性を担保するために，監査業務と非監査業務を明確に識別し，これらを兼業することの禁止規定が設けられたことである。これは，上述のエンロン事件が背景にあることは明白であろう。

第二に，会計事務所に対する公的な監視機関の設置が定められたことである。これは，従前から行われてきたアメリカの会計専門職自身による自主規制のあり方に対する批判ともいえる。自主規制は，ピア・レビュー（相互監視）と，AICPAの独立機関であるPOB（Public Oversight Board；公共監視審議会）によるチェックがその柱であったが，後者は解散することとなり[*5]，かわって企業改革法によりPCAOB（Public Company Accounting Oversight Board；公開会社会計監視審議会）が設置された。PCAOBはSECの管理下に置かれ，①会計事務

[*5] POBは，SECによってPOBの代替機関が構想されたことへの対抗策として2002年1月に解散したものであったが，結果としてPCAOBの設置によってSECの目論見は一定程度果たされることとなった。

所の登録，定期的検査，問題の調査，懲戒，②監査業務，品質管理，倫理，独立性等の諸基準の制定，の権限が与えられたのである。

以上でも明白なように，企業改革法では，SECに従前より強い権限を与えている。会計専門職を，これまでよりも政府の監視下に置く方向性が，法律の形でアメリカで認められたことになったと理解される。

(3) 監査への影響

PCAOBの設立によって，アメリカの会計専門職，すなわちAICPAがここまで保持してきた自主規制の側面が，大きく失われることとなった。その主なものは，監査基準を設定する権限，および違反事例に対する処分，懲戒の権限である。ひるがえって考えれば，本書第1章で見たように，これらの会計専門職の権限，すなわち監査基準の設定および監査の品質維持のための自主規制は，以前からこれらを他に移す議論があったものの，少なくともコーエン委員会報告書においては，かかる移管については否定的見解が示され，第6章でみたトレッドウェイ委員会報告書でも，その改革の必要性は指摘されながらも会計専門職の下に残されるべき権限と考えられていたものである。

歴史的には，会計基準および監査基準は，会計専門職自身が専門職である自らの自主的なルールとして制定したものであった。このうち会計基準は，1938年のマッケソン・ロビンス事件等を背景に，1930年代後半には，SECにより会計専門職がこれを制定することへ疑問が呈された。その後多くの議論を経て，1960年代以降，APB (Accounting Principles Board；会計原則審議会) がアメリカ会計基準の設定母体となる。APBはAICPAの中に設けられたものであり，また当初は，会計学の研究者等もその構成員となっていたもののそれはみな公認会計士の有資格者であり，その意味では会計専門職がこれを制定するという形は守られていた[*6]。しかしAPBはその後より独立性の高いFASBへと変更され，これは会計基準の設定は社会的に独立した組織によって行われるべ

---

*6 千代田 (1998)，54頁。

き，という考え方が背景にあるとされる。しかしながら会計専門職から見れば，これは会計専門職自身による会計基準の制定という元々の考え方からは，次第に引き離されていく結果となったことに他ならない。

これは，証券監督官庁であるSECと，会計専門職の力関係の結果であると考えることができる。すなわち，1930年代以降，SECは一貫して会計専門職による自主規制について疑問を呈してきた。社会的に独立した基準設定母体，という名の下に，会計専門職自身による会計基準の設定からみれば，よりSECに近いFASBという設定母体による会計基準の設定へと引き寄せられた，ということになる。

対して，監査基準は会計専門職（AICPA）自身による制定が行われてきた。会計基準の設定権限を失ったなかで，監査基準は会計専門職の持つ基準設定権限の牙城であった。しかしながら，エンロン事件等を経て，そのことへの疑問もまた呈されたのである。上述のように，監査基準は今後はより社会的に「独立性の高い」PCAOBにより制定されることとなった。会計基準の制定権限が長い時間をかけて会計専門職から次第に移管されたのに対して，監査基準は極めて迅速に制定された企業改革法により，直ちに会計専門職からSEC管轄の機関の下に移管されることとなってしまったのである。

さらに，会計専門職による監査業務の質の維持，管理についても疑問が呈された。企業改革法では，AICPAによるピア・レビューに対して批判的な見解が示されている。そして，品質管理規定の制定および監査結果の調査，懲戒の権限もまた，PCAOBに移されたのである。

このように，エンロン事件を契機とした「会計不信」現象は，「監査不信」ないしは「会計専門職不信」へと展開し，アメリカの会計専門職は，PCAOBというより政府に近い組織の監督下に置かれることとなった。このことは，会計専門職が社会の期待に応えきれなかったための社会からのペナルティといえるかもしれない。期待に応えきれなかったがために，その根幹たる独立性に疑義が呈されたのである。その結果，会計専門職はその長い歴史の中で保持し続け，培い，社会的に認められてきたはずの固有の権限を失う結果となったので

ある。

4 アメリカ監査への「期待」とそのギャップ

　少なくとも戦後は一貫して，アメリカの監査実務，監査制度はその先端を行くものとしてみなされ，研究され，あるいはアメリカ自身もそのように考えてきたと思われる。わが国の監査制度を鑑みれば，戦後に公認会計士制度が成立して以来，常にアメリカ監査制度を模範に，あるいは追求しながら自らの制度を整備してきたといえる。監査期待ギャップ問題もアメリカに発し，認識され，対応が図られ，そしてそれらがわが国を始めとする他国に反映されてきた。そこには，常にアメリカの監査制度，監査実務が最も理想に近く行われており，したがってそれを目指した制度構築，実務の追求を行えばよいとする考え方があったように思われる。これはいわば，アメリカ監査への期待そのものである。

　しかしながら，そのような期待についても，やはりギャップがあったことがエンロン事件，およびそれ以降の企業不正事例とその展開に見られる一連の「会計不信」現象によって明らかになった。アメリカにおける監査が必ずしも最良のものではなく，企業不正を発見，防止するという社会の期待に最も対応し得ているものともいえないことが，図らずも示されてしまったのである。

　わが国では，もともとは政府が母体の審議会で主として監査基準が作成されていたが，ここまでのアメリカの設定方法に添う形で，実質的に日本公認会計士協会にその基準設定権限を移譲する努力がなされていた。しかしながら，エンロン事件，そしてその後の会計不信現象を経て，アメリカでは監査基準の設定が会計専門職団体（AICPA）から引き離される方向にあるのである。

　アメリカに始まり，他国に波及した監査期待ギャップ現象，そしてその対応の連鎖は，監査期待ギャップ問題を縮減するための連鎖であり，アメリカ型監査を追求する連鎖であったはずである。そこにはアメリカの監査への期待がその基礎にあった。しかし，アメリカの監査は，果たしてそもそもそのような期

待に応えうるものだったのであろうか。

　その意味では，本書で見た各国の監査期待ギャップ現象は，アメリカ型監査への期待という国際的に重層化した監査への期待の構造の中で成立していたことが見て取れる。そして，エンロン事件は，そのような期待が果たして正しかったのか，あるいはそこに国際間の監査期待ギャップがなかったのかについて検証する必要性を示している。

5　おわりに

　本章では，エンロン事件およびアメリカにおけるその後の「会計不信」問題へのアメリカ社会およびアメリカの会計専門職の対応を検討した。そしてそれが，期待されていたアメリカ監査の失敗の表れであり，アメリカ監査に寄せられた期待に対するギャップがあったことを見た。

　本書は，監査期待ギャップ問題について包括的な検討を加えたものである。本章でみた国家間の異なる監査制度間の期待のギャップは，監査人に対する社会の期待とのギャップという意味での，いわば本来の意味での監査期待ギャップとは性質を異にするものであると考えられる。しかしここでそのようなギャップを取りあげたのは，それが本来の意味の監査期待ギャップ問題に影響を与え，国際間で監査期待ギャップ問題を重層化させている構造の指摘のためである。

　監査の失敗の対策として，監査の強化がなされるというのは確かに監査現象独自にみられる矛盾である。しかしそれは，監査が社会から期待される構造を持つ存在であるが故に生じる矛盾した現象である。今後，エンロン事件のような大規模不正会計事件の発覚が仮にあっても，やはり監査上の対応が取られることになるのであろう。

　一方で，監査および会計はその制度の国際的統一化を通じて急速に実務の統一に向かっている。特に監査については，今後その方向性がより明らかになることが予想される。それは，社会を地球規模で捉えて監査との関係を考えねば

ならないことであり，その中で監査期待ギャップを縮減しうるような制度構築を行わねばならないということである。そこでは，もはや必ずしも監査の「理想」ではないアメリカ型監査を追求する理由はない。今や，よりグローバルな視野での社会の期待を見据えた監査のあり方を求める必要があるといえよう。

第11章
監査期待ギャップ問題の展開

1 はじめに

ここまで特に第7章から第9章までは，監査期待ギャップ問題との関連のある近年の新たな監査現象に注目し，将来的な新たな期待ギャップ問題生起の可能性をみてきた。本章では，これらを受けた上で本書を総括し，期待ギャップ問題の今後の展開をみることとする。

2 現代の企業不正と監査期待ギャップ

本書第2章でも検討したように，会計監査が，そもそも不正の発見に起源をみることができることを考えれば，企業不正の発見・防止についての社会の期待は，そもそも会計監査の当初から存在していたのであって，かかる歴史が変わることなく続いてきたことになる。変わったのはむしろ監査の方であって，財務諸表に対する意見表明に主題を置く財務諸表監査が会計監査の典型となったことこそ会計監査の歴史に断層を生むような変化であった。

一方で，会計監査がかかる財務諸表監査へと展開せざるを得なかった理由にもまた留意しておかねばならない。不正の発見のための監査は，理論的には難しくない。徹底的な精査を行えば，ほぼすべての企業不正は監査の過程において発見できるであろう。しかし実務上は，それは不可能であることはいうまでもない。時間的，コスト的制約から，巨大化した現代の企業において徹底的な精査による監査を行うことは不可能である。初期の会計監査において不正の発

見が可能であったのは，監査対象の規模の小ささによるところが大きい。企業規模の拡大は精査を不可能にし，新たな監査の技法と枠組みを求めさせざるを得なかった。

　内部統制と試査を前提とする財務諸表監査の成立は，企業規模の拡大の中で必然的なものであって，これはまた監査期待ギャップ問題の発現も必然であったことを意味する。すなわち，財務諸表監査を前提とした現代社会においては，企業不正問題への対処が監査上ない以上，その対処を求めて監査期待ギャップ問題が可視化するということである。

　さて，企業不正問題への監査上の対応，といっても，かつての精査が現代で可能であるはずはない。その対応は，やはり内部統制と試査を前提とした上で，リスク評価を行ってよりリスクの高い部分へ監査資源を投入するリスク・アプローチ監査であった。このことは，きわめて現実的な対応であって，批判されるべきものではないと考えるが，これにより監査期待ギャップが解消されたかといえば疑問である。また，解消されないまでも少なくとも縮小されたはずであるが，その確認も困難と言わざるを得ない。そもそも，この間の企業不正問題に対する監査の対応にもかかわらず，企業不正自体はなくなったわけではない。その結果，監査人に対する訴訟がなくなったわけではない。それどころか，むしろ問題は拡大し，複雑化しているようにすら見受けられる。それに伴って，監査期待ギャップ問題も拡大しているようにすら見受けられるのである。

3　「監査の爆発」：監査の自己増殖機能

　わが国においても，監査の求められる分野は広がりつつある。公的部門については，もともと監査システムそれ自体がなかったわけではなかったが，近年，地方自治体の外部監査人制度導入にみられるように，公認会計士を典型とする外部の専門家による監査を導入しようという動きが見られる。これは，行政改革に伴う独立行政法人，郵政公社等の公私中間形態組織の設立にあたって

も顕著に見られることであって，ここでは公認会計士または監査法人による外部監査がその当初から導入されている。

　さらに，前章までに見た中間監査や環境監査のような分野も，監査の「拡がり」の現象の1つと捉えることができよう。いうまでもなく，かかる分野で会計専門職が監査を行いうる根拠は，その社会的独立性にほかならない。期待ギャップ問題への対処において，会計専門職が守ろうとした社会的独立性こそが，会計専門職をして新たな監査分野へ展開しうる基礎たるものであることは明らかである。

　このような，監査分野，監査対象の拡がりはもちろんわが国に特有のものではない。第5章でも述べたように，Power (1994) は，「監査の爆発（audit explosion）」という言葉を使って，かかる現代の監査の拡がりを表している。すなわちその例としては，環境監査，公的部門の監査であるVFM監査のほかに，経営監査，法廷監査，データ監査，知的財産監査，医療監査，教育監査，技術監査，ストレス監査，民主主義監査等々が含まれており[*1]，これらは90年代のイギリスの監査現象の拡大を示している。あたかも爆発，あるいは「ビッグ・バン」のように，監査があらゆる分野に拡がっているのである。

　ここでみられる監査の興味深い点は，新たな監査が求められる際に，監査自身の役割は疑問視されないということである。通常，ある行為が失敗したとすれば，その行為自体の役割が疑問視される。場合によっては，その行為自体が不要と考えられるであろう。しかし，ある分野でチェックが失敗した，あるいは監査が失敗したとき，そのチェック，監査の役割自体が問われることは通常ない。むしろ，より厳しい監査が求められる[*2]。すなわち失敗した監査の対策として，さらなる監査が求められる。問題が起こればおこるほど，監査が失敗すればするほど，監査の対象とする分野は拡がるのである。このように，監査はいわば自己増殖機能とでもいうべき性質を持っている。

　監査が求められる際には，社会に監査に対する何らかの期待が存在している

---

　*1　Power (1994), p. 1. Power (1997) も参照のこと。
　*2　Power (1994), p. 7.

ことはいうまでもない。たとえば，医療監査が求められる場合には，医療費の適切な費消，医療ミスの発見，防止など，教育監査が求められる場合には，教育費の適切な費消，効率的，効果的な教育といったことがその期待としてあろう。しかし，その期待は必ずしも一様であるとは限らない。そこには，新たな期待ギャップの可能性を常に含む。むしろ，かかる監査現象の拡大に伴って，監査期待ギャップ問題の発現の可能性はさらに増すことが考えられる。それが顕在化したとき，それは監査の失敗として捉えられる可能性が高い。そしてその監査の失敗は，新たな監査を求めることになる。監査現象の拡大，自己増殖は，期待ギャップ問題の拡大，自己増殖にほかならない。そしてかかる状況は，社会の複雑化に伴って，加速度的に進行しているように見受けられる。

4　監査概念の限定

かかる監査範囲の拡大に対して，監査人，特にこれらの新たな監査分野にその役割を求められる会計専門職はどのように対応してきたのだろうか。概括的にいえば，それは監査概念を限定する，ということであった[*3]。

たとえば第8章でみた環境監査に例をとれば，環境報告書に対する監査は，多くの場合「監査」という名称を付されずに行われていた。それはわが国にあっては，第三者審査等といわれていた。それらは，監査法人の関連企業によって行われており，多くの場合には「審査人」は公認会計士，あるいは公認会計士を含む集団によって行われているが，その「第三者報告書」には，これが監査ではないことをわざわざ断っているものもあるのである[*4]。

それでは，監査とは何かと言えば，その保証水準において最高のものであり，保証水準のより低いものは監査ではない，という論理構造になる。ここでは，監査とは独立した第三者による検証行為である，というようなシンプルな定義を離れて，保証水準という尺度を加味させたものとなっている。そして，

---

　*3　吉見（2001b）。
　*4　吉見（2001b），84頁。

監査よりも保証水準の低い監査類似行為を含めて保証と呼ぶことになる。すなわち,「職業会計士による『監査』業務を核にして,種々の保証対象,種々の保証水準,種々の保証技術への急速な業務の拡がりをみせているのである。そして,かかる拡張した業務を包摂する概念として『保証業務』と称するようになったのである。その概念の基本は,業務対象の情報とその作成規準との合致性に関する独立の保証を提供する,という点にある。」[*5]

ここでは,先の独立した第三者による検証行為,という範疇は「保証」の定義にまかされ,監査は,保証水準の違いによりその「保証」の一部を構成する関係になることになる。すなわち,保証は,もとをただせば監査から発したもの,監査類似行為であっても,監査と同義ではない。したがって,先の環境監査(ないし第三者審査等)も,かかる保証業務の一種であって「監査」ではないという論理になる。

かかる論理構成は,一般には奇異に映るものであろう。監査と保証が水準の違いのある同様の行為を表す用語として一般に通用しているかはきわめて疑わしいし,保証でない監査が満たす保証水準がいかなるものかについての共通理解は欠落している。にもかかわらず,かかる論理が展開され,監査の範囲が限定されてきている背景には,監査対象の拡大という現実に対して,あるいは監査への社会からの期待に対して監査が応えねばならないということの反面,そこには新たな監査期待ギャップ問題発見の可能性があり,さらにはそれが生む新たな不正問題と監査の関係,監査への批判や訴訟の可能性を否定できないことがあろう。かかる危険を減じるために,保証水準の違いという概念を導入して,様々な新たな監査現象に臨む監査人の危険の程度を保証水準の違いに応じて少なくとも既存の財務諸表監査よりは減じようとするのである。

しかしながら,一方で,かかる試みが性質の違う新たな期待ギャップを生む可能性もある。すなわち,保証水準の理解が一様でない以上,監査人が提供したと考えるある「保証」業務の保証水準と,その情報を受け取った側が考える

[*5] 山浦(2001),162頁。

「保証水準」にギャップが生じる可能性が高い。いわば,「保証水準期待ギャップ」である。保証と監査の関係につきかかる理解を展開していく以上,保証水準についての確固たる共通理解を構築する必要性があることは明らかである[*6]。

振り返れば第1章でみたように,コーエン委員会報告書においては,会計専門職が財務情報以外の「監査」に関わることについては否定的な見解が示されていた。もっとも,保証それ自体への関わりには,同報告書は決して否定的ではない。監査ではない保証としての環境監査関連業務は,この観点からは特にその限界点に位置する業務と考えられる。

5 「監査」の要求と会計の変化

(1) 「監査」の要求の高まり

一方,監査の「本丸」である会計分野にあっても,かかる保証業務は拡大している。その典型はレビューであろう。周知のようにアメリカの四半期報告書の開示にあたってはレビューが行われる。レビューは,期末監査とは当然異なる,より簡略化された方法で行われる。その程度が明示的であるかは別として,期末監査とレビューに保証水準の違いがあることは明らかである。

ここでは,期末財務諸表監査のレベルの保証を保証水準が最高水準のものとして「監査」と呼び,そうではないレビューは監査とは呼ばない保証である,ということになる。この点で,第7章でみたわが国の中間監査は,期末監査よりも保証水準が低いものであるが,これは「中間監査」という「監査」よりも保証水準の低い保証業務が存在するもの,として理解されていた[*7]。

しかしながら,企業不正問題が大きな問題として論じられ,必然的に監査の必要性が論じられることになる中では,レビューのような監査よりも保証水準の低い保証業務の多様化ないし回数の増加よりも,むしろより保証水準の高い

[*6] この点は,山浦(2001),166頁においても指摘がある。
[*7] 吉見(2000b)。

監査が求められる可能性がある。そもそも，四半期報告書はタイムリー・ディスクロージャーの観点から生じたものであって，そこで求められる情報水準に応じた保証水準の保証が提供される，というのは合理的である。しかし，それは企業不正問題からの観点で求められたものではもちろんない。企業不正問題から監査が論じられ，そこに保証水準の異なる保証が存在するとき，かかる保証の水準を高めることが求められることは不思議ではない。不正の発見，防止という観点からは，保証水準の低い保証の回数を重ねるよりも，より保証水準の高い保証，ないしは監査を求める方が合理的とも考え得るからである。

たとえば，先の中間監査についてはこれをレビューとすべきであるという議論がある一方，第10章でみたエンロン事件などを鑑みると，むしろ中間監査をフル監査にして監査の充実を図るべきだとの主張もある[*8]。その背景には，レビューでは企業不正は発見，防止できないという見方がある。

（2） 会計の変化と監査の対応

会計実務自体も，この先大きな変化の可能性がある。すでに会計的評価の面では，公正価値会計の時代に入った。これは退職給付会計のような，未来の予測値を現在の財務諸表上に反映させる実務を一般化させた。さらに，インタンジブルズ（無形項目）経営が先進国の経営の中心となると言われている今世紀においては，会計もかかる無形項目の測定に対応せざるを得ないであろう[*9]。

しかしながら，かかる状況は，それに対して監査も対応を変えねばならないことを意味する。第9章でみたように，実査のできない無形項目の増大は，これらを計算するモデルの検証とそこに投入される数値の検証に重点を置かざるを得ない[*10]。そのモデルは一般に認められた確固たるもの，監査に耐えうるものでなければならない[*11]。さもなければ，無形項目は利益操作の格好の温

---

* 8 渡辺（2002）。
* 9 たとえば，Lev（2001）を参照。
*10 吉見（2002 a）。
*11 吉見（2002 b）。

床となりかねず*12，企業不正の拡大となって監査へ波及してくる可能性がある。

かかる会計実務の変化に加えて，非財務情報も含めた情報開示も指向されている。AICPAのジェンキンス委員会は，ビジネス・リポーティングの導入とこれに対する監査を提唱した。そこでは，レビューの可能性も念頭に置かれてはいるが，監査の方がより望ましいという考えに基づき，必要があれば監査人の能力自体を再開発する必要性も論じられている*13。

これらの動きに対する監査の対応は必ずしも明らかではない。少なくとも，監査にとって新たなリスクを生む方向にあるとは認識されており，従来のリスク・アプローチを拡大し，ビジネス・リスク・アプローチへの展開も指向されている。

いずれにせよ，会計専門職にとっては，監査対象の拡がりとリスクの増大，より保証水準の高い保証ないし監査の要求，およびこれらに対応した監査技法の開発と能力の再構成が求められることは間違いない。そしてそれらの拡大は，監査そのものから生み出されているのである。

6　監査期待ギャップの理解とその本質
――期待の拡大とギャップの拡大から――

監査期待ギャップの存在が認識されたのは不正問題が契機であるということは事実であるとしても，現実には，社会の「期待」は抽象的であり，かつその期待は変化する。すなわち，それは不正問題に対する期待に止まらない可能性があると言うことである。

すなわち，監査期待ギャップの存在があって，かつこれに対して会計専門職が積極的な対応を取るとした以上，それはもはや，おそらく当初の意図とは異なって，不正問題への対応に止まらない。端的には，不正問題から派生したと

---

*12　Griffiths (1995), chapter 12, Naser (1993), chapter 8.
*13　AICPA (1994).

も考えられる，継続企業の前提の監査についての期待と，それに対する会計専門職の対応は，その典型であろう。

2001年の監査基準改訂にあたって，日本の監査基準にもこの継続企業（ゴーイング・コンサーン）の前提についての監査が導入された。監査人は，財務諸表の決算日の翌日から1年について，被監査企業の継続企業の前提について重大な疑義がないか否かを含めて，その意見を表明しなければならない。さらに，日本では，中間監査においても継続企業の前提についての監査の規定が導入されている。

これは，監査人に対する社会の期待を把握することの重要性と，そのことにより，期待の内容が多様であることが理解され，従前理解されていたよりも期待が拡大する可能性を意味する。さらには，それを放置すれば監査期待ギャップの拡大は明らかであり，かかる期待にも応えていくべく対応することが，期待ギャップの縮減に向かう方法であることになる。

このような見方の中では，監査期待ギャップについての理解は，第5章でみたような Humphrey et al. (1992a) によるもの，あるいは，「社会が監査に対して持つ監査の役割についての期待と，監査人が考えるその役割についての理解のギャップ」という一般的な見方を採らざるを得ないと考えられる。

第5章で述べたように，そもそも，監査は社会の認識の「ずれ」を埋めるシステムである。その意味では，認識上のギャップの存在を前提としてこそ監査が成立するともいえ，監査期待ギャップ問題は，監査そのものに内包された問題と捉えることができる。会計的認識主体と，その報告を受ける主体の認識にずれがあり，監査がそのずれを調整するはずであるのに，その調整に失敗し，なおもずれが残されている場合に，期待ギャップがあるということができる。

7 監査期待ギャップ問題の将来への視座
—— 継続監査の可能性と監査期待ギャップのグローバル化 ——

監査期待ギャップ問題は，監査の不正への対応という脈絡の中で展開してき

た。これは，精査により不正発見に対応してきた過去の監査から，精査によらず試査によらざるを得ない現在監査に展開する中での不正問題への対応，という困難な問題と連動してもきたのである。

この現代的な不正問題への対応という点については，監査のリスク・アプローチへの指向と，監査と監査類似行為の峻別の両者が柱であった。前者については，試査を前提としながらも，不正に対応した監査を特にリスク評価を重視することによって実現しようとするものである。この結果，リスクが必ずしも会計記録そのもののみから評価され得ないことから，監査が会計以外の領域，すなわち経営判断や経営を取り巻く環境の評価にまで事実上踏みいることを招来した。しかしこのことは，監査に対して新たな社会の期待を生む素地を増やしたともいえる。

エンロン事件は，一方で，監査が不正発見を指向する以上，旧来型の精査に回帰すべき，という主張まで生んだ。このことは，直ちには首肯できないことは本書のここまでの議論から明らかであるが，反面，現代的な精査の可能性があることを最後に指摘しておこう。

AICPAの下に置かれていたPOBは，98年に「監査の有効性に関する専門委員会」(Panel on Audit Effectiveness)，通称オマリー (O'Malley) 委員会を設置し，同委員会は2000年に報告書を公表したが，ここで同報告書は不正の潜在性に対処するために「継続監査（continuous auditing）」の検討の必要性を奨励している[*14]。

継続監査とは，端的には，第2章および第5章で言及した，会計的認識を行う際に，監査が同時並行的にチェックを行うことである。そもそも，かかることは先述のように不可能なように思われるが，現代では，会計的認識がコンピュータを通じて行われている現状があり，これを前提とすると，かかるプロセスに監査上の監視プログラムを組み込んでおけば，同時並行的なチェックの可能性があるのである。もちろんここには，検討すべきいくつかの課題があると

---

*14 AICPA (2000).邦訳139頁。また，継続監査については，長吉（2002）および山浦（2001），132頁も参照のこと。

考えられる。たとえば，かかるチェックは，監査プログラムの機能如何に決定的に依拠するし，また最終的な監査判断を監査人が行わなければならないことには変化がない。すなわち，継続監査は理論的にはそれ自体が監査というよりは，監査技術の1つとして存在するにすぎない。とはいえ，会計的認識を監査が同時並行的に再認識する，という形の監査の可能性が検討段階にきていることは，IT技術の発達に伴う監査の原初的な形態の実現可能性，という興味深い問題を生起すると共に，監査期待ギャップ問題についていえば，不正問題に対する監査上のきわめて有効な手段となってこの部分の期待ギャップの縮減に決定的な効果をもたらす可能性がある。

　一方で，企業不正問題は大型化，グローバル化する傾向にある。そもそも，企業の資本調達はすでにグローバル化し，様々な問題をはらむにしても，国際会計基準の導入による会計基準の統一化は着々と進められている。このような中で，監査基準あるいは監査人としての資格要件（会計専門職としての資格要件）を世界的に統一しようとする動きも進んでいる。これは，企業不正問題に関連して，あるいはそれに止まらず広く企業の監査に関わる問題について，様々な期待が監査人に対してグローバルに寄せられる可能性を示している。そこには，文化的背景を無視した非常識とも思える期待が含まれる可能性もあるであろう。

　本書で見たように，将来における監査に対する社会的期待は不正問題に止まらないであろう。監査期待ギャップ問題は，上記のグローバル化の問題も含めて，今後まったく違った形態をとって発現することも考えられ，監査人（会計専門職）はもちろんのこと，監査論研究者，基準設定母体など，監査に関わるあらゆる者が，これに対して常に対応する姿勢を必要とされるのである。

参 考 文 献

和　文

Agars, Peter, John Gruner, 山本秀夫, 藤沼亜起 (1995)「IFAC 会長を囲んで」『JICPA ジャーナル』第 7 巻第 1 号, 26-33 頁。

秋山純一 (1982)「財務諸表監査と不正誤謬の発見, 防止」『産業経理』第 42 巻 5 号, 36-46 頁。

新井清光, 村山徳五郎, 髙田正淳, 中島敬雄, 脇田良一 (1991)「(座談会) 監査基準・報告準則の改訂をめぐって」『企業会計』第 43 巻第 8 号, 32-50 頁。

石田三郎 (1997)「経営者不正と監査責任」『會計』第 151 巻第 6 号, 1-13 頁。

石原俊彦 (1998)『リスク・アプローチ監査論』中央経済社。

市川育義 (1998)「『中間監査基準の設定に関する意見書』の解説」『企業会計』第 50 巻第 12 号, 38-44 頁。

伊藤敏 (1993)「米国における訴訟の現状と損害賠償責任制度改革の行方」『JICPA ジャーナル』第 5 巻第 6 号, 16-17 頁。

遠藤博志, 大沢壮吉, 倉澤康一郎, 山上一夫, 若杉明 (1991)「各界意見　監査基準・報告準則の改訂に寄せて」『企業会計』第 43 巻第 8 号, 51-62 頁。

岡崎一浩 (2002 a)「世界を揺るがすエンロン事件の検証」『旬刊経理情報』第 980 号, 42-45 頁。

岡崎一浩 (2002 b)「ワールドコムの不正経理はエンロン, グローバル・クロッシングとどう違うのか」『旬刊経理情報』第 993 号, 63-66 頁。

奥村宏 (2002)『エンロンの衝撃 ― 株式会社の危機 ―』NTT 出版。

片木晴彦 (1992)「会社不正と監査人の責任 (上) (下)」『商事法務』第 1284 号 (上), 2-8 頁, 第 1285 号 (下), 65-70 頁。

加藤厚 (1998)「『中間連結財務諸表等の作成基準の設定に関する意見書』の解説」,『JICPA ジャーナル』第 10 巻第 7 号, 47-51 頁。

加藤厚 (2002)「『見せかけ』会計 ― "サブスタンス・オーバー・フォーム" 背信への戒め―」『旬刊経理情報』第 985 号, 8-13 頁。

加藤一昶 (1991)「監査人の責任」『JICPA ジャーナル』第 435 号, 64-66 頁。

川北博 (1992)「企業の不正と監査問題」『監査役』第 298 号, 4-13 頁。

黒澤喜三郎 (1978)「会計士職業賠償責任保険制度充実の必要性」『企業会計』第 30 巻第 10 号, 53-58 頁。

経済産業省 (2002)「ブランド価値評価研究会報告書」, 経済産業省企業法制研究会 (ブランド価値評価研究会)。

國部克彦 (1999)『社会と環境の会計学』中央経済社。

國部克彦 (2000)『環境会計 (改訂増補版)』新世社。

坂上学（2001）「ジェンキンス委員会報告書と会計ディスクロージャーの方向性」『経営研究』第51巻第4号，71-86頁。
白鳥栄一（1977）「中間財務諸表と公認会計士の関与——『監査』か『限定監査』か——」『企業会計』第29巻第2号，69-74頁。
杉岡仁（2002）『会計ディスクロージャーと監査』中央経済社。
鈴木輝夫（1998）「中間監査基準等の実務的対応」『企業会計』第50巻第12号，38-44頁。
高田敏文（2002）「監査人への役割期待とその対応」『會計』第161巻第3号，70-80頁。
高田正淳（1979）「監査の機能と監査人の社会的責任」『會計』第115巻第5号，1-11頁。
高柳龍芳（1980）「監査への社会的要請について」『関西大学商学論集』第25巻第4号，22-45頁。
高柳龍芳（1993）『監査論ノート』（改訂版），東京経済情報出版。
瀧田節（1991）「有限会社の任意監査人の責任」『商事法務』第1249号，53-61頁。
田中弘（2001）『会計学の座標軸』税務経理協会。
田中弘（2002）『原点復帰の会計学』（第2版），税務経理協会。
中央監査法人（訳）『モントゴメリーの監査論』中央経済社，1993年。
千代田邦夫（1984）『アメリカ監査制度発達史』，中央経済社。
千代田邦夫（1987）『公認会計士——あるプロフェッショナル100年の闘い——』文理閣。
千代田邦夫（1989）「財務諸表監査と不正の摘発」『立命館経営学』第27巻第5・6号，89-113頁。
千代田邦夫（1998）『アメリカ監査論』（第2版），中央経済社。
千代田邦夫（2002）「何が名門会計事務所を崩壊へ導いたのか」『旬刊経理情報』第985号，14-17頁。
鳥羽至英（1987）『監査証拠論』（第2版），国元書房。
鳥羽至英（1991）「アメリカにおける財務諸表監査の改革とコーエン委員会報告書の意義——我が国の会計プロフェッションにとって示唆するもの——」『日本公認会計士協会第12回研究大会研究発表論文集』，5-13頁。同抄録『JICPAジャーナル』第3巻第10号，75-76頁。
鳥羽至英（2000）『財務諸表監査の基礎理論』国元書房。
鳥羽至英，秋月信二（2001）『監査の理論的考え方』森山書店。
鳥羽至英，川北博（他）『公認会計士の外見的独立性の測定』白桃書房，2001年。
友杉芳正（1993）「監査役の法制度の歴史的展開」日本監査研究学会監査役監査研究部会（編）『監査役監査』第3章所収。
友杉芳正（2004）『新版スタンダード監査論』中央経済社。
鳥飼裕一（2002）「米国におけるSPE連結問題—エンロン破綻の余波—」『旬刊経理

情報』第990号，22-25頁。
内藤文雄（2003）『財務諸表監査の変革』税務経理協会。
中村萬次（1997）『恐慌と会計 —— 鉄道会計史の視座 ——』晃洋書房。
長吉眞一（2000）『財務諸表監査の構造分析』中央経済社。
長吉眞一（2004）『監査一般基準論』中央経済社。
八田進二（2002）「アンダーセン失墜—名門会計事務所がたどった危うい道」『会計不信』『週刊東洋経済』2002年9月4日増刊号，28-32頁。
八田進二（2003）「今まさに問われる会計プロフェッションの職業倫理 ——『会計士等の職業倫理に関する大学生の意識調査』結果について ——」『旬刊経理情報』第1012号，66-69頁。
八田進二，高田敏文（2003b）『逐条解説・新監査基準を学ぶ』（増補版），同文舘出版。
八田進二（2004）『公認会計士倫理読本』財経詳報社。
八田進二（編著）『監査論を学ぶ』（新版），同文舘出版，2004年。
浜口康（2002）『不正を許さない監査』日本経済新聞社。
檜田信男（1992）「不正への監査人の対応」『商学論纂』（中央大学）第33巻第2・3号，251-275頁。
広瀬義州，吉見宏（2003）『日本発ブランド価値評価モデル』税務経理協会。
藤田昌也，吉見宏（1994）『会計利潤の計算方法』同文舘出版。
藤田昌也（2003）『監査と期待ギャップ』平成13年度～平成14年度科学研究補助金（基盤研究（C）（2））研究成果報告書。
藤田正幸（2003）『エンロン崩壊—アメリカ資本主義を襲う危機—』日本経済新聞社。
藤沼亜起，平松一夫，八田進二（2003）『会計・監査・ガバナンスを考える』同文舘出版。
朴大栄（1989）「期待ギャップと新監査報告書」『広島経済大学経済研究論集』第12巻第1号，123-142頁。
細田末吉（1993）『不正と決算の監査役監査』同文舘出版。
みずほ総合研究所（編）（2002）『エンロンワールドコムショック』東洋経済新報社。
村山徳五郎・脇田良一（1989）「監査実施準則の改訂と今後の方向（対談）」『企業会計』第41巻第7号，56-58頁。
村山徳五郎（1993）「新SAS研究ノートⅧ」『JICPAジャーナル』第5巻第2号，45-48頁。
盛田良久（1989）「監査人の誤謬・不正摘発責任」『大阪学院大学商学論集』第15巻第2号，55-72頁。
盛田良久（1994）「期待ギャップ基準 —— チャールストン円卓会議 ——」『企業会計』第46巻第8号，119-125頁。
盛田良久，百合野正博（1998）「公認会計士監査に対する社会的期待と実証分析」

『JICPA ジャーナル』第 10 巻第 7 号，88-97 頁。
森實（1989）「社会的期待とゴーイング・コンサーン監査」『會計』第 136 巻第 3 号，1-14 頁。
森實（1992）『リスク指向監査論』税務経理協会。
森實（1999）「中間監査の保証水準について」『税経通信』第 54 巻第 15 号，22-29 頁。
山浦久司（1995）「公認会計士監査 —— エクスペクテーション・ギャップ論の前に ——」『税経通信』第 50 巻第 5 号，32-37 頁。
山浦久司（1998）「ゴーイング・コンサーン問題と会計士監査関与必要論」『企業会計』第 50 巻第 7 号，126-133 頁。
山浦久司（1999）「中間監査基準の論理と課題」，『JICPA ジャーナル』第 11 巻第 6 号，52-57 頁。
山浦久司（2001）『監査の新世紀』税務経理協会。
山浦久司（2003）『会計監査論』（第 3 版），中央経済社。
山口敦雄（2003）『りそなの会計士はなぜ死んだのか』毎日新聞社。
吉見宏（1988）「会計士監査の形成 —— フランス会計監査役の場合 ——」『経済論究』（九州大学）第 70 号，225-247 頁。
吉見宏（1992）「再認識過程としての監査」『会計理論学会年報』第 6 号，69-72 頁。
吉見宏（1993）「我が国におけるエクスペクテーション・ギャップ問題の現状」『JICPA ジャーナル』第 5 巻第 10 号，61-67 頁。
吉見宏（1994 a）「我が国におけるエクスペクテーション・ギャップ問題の分析」『會計』第 146 巻第 3 号，55-70 頁。
吉見宏（1995）「我が国における企業不正事例（１）」『経済学研究』（北海道大学）第 45 巻第 2 号，109-122 頁。
吉見宏（1996）「監査エクスペクテーション形成の必要性」『會計』第 149 巻第 1 号，102-112 頁。
吉見宏（1997 a）「地方自治体における不正と監査 —— 北海道監査委員事務局の事例を中心に ——」『経済学研究』（北海道大学）第 47 巻第 1 号，96-112 頁。
吉見宏（1997 b）「企業不正事例と規定の改訂」『経済学研究』（北海道大学）第 47 巻第 2 号，267-280 頁。
吉見宏（1998 a）「ディスクロージャーと監査の空白 —— 地方自治体を例として ——」『會計』第 153 巻第 1 号，78-88 頁。
吉見宏（1998 b）「期待ギャップ問題の近年の動向」『税経通信』第 53 巻第 6 号，267-272 頁。
吉見宏（1998 c）「企業不正の『境界例』と公認会計士の責任」『JICPA ジャーナル』第 10 巻第 12 号，24-25 頁。
吉見宏（1999）『企業不正と監査』，税務経理協会。
吉見宏（2000 a）「企業の社会的責任と監査機能が果たすべき役割」『監査研究』第

26 巻第 7 号，1-9 頁。
吉見宏（2000 b）「中間監査基準にみる公認会計士の責任」『現代監査』第 10 号，36-41 頁。
吉見宏（2001 a）『ケースブック監査論』，新世社。
吉見宏（2001 b）「監査範囲の拡大と監査概念の限定」『會計』第 160 巻第 4 号，78-87 頁。
吉見宏（2002 a）「インタンジブルズのためのオーディティング」『税経通信』第 57 巻第 3 号，117-121 頁。
吉見宏（2002 b）「ブランド資産の監査」『企業会計』第 54 巻第 9 号，136-141 頁。
吉見宏（2002 c）「期待ギャップ問題と不正監査の拡大」『會計』第 162 巻第 3 号，38-48 頁。
吉見宏（2003 a）「期待ギャップ問題の展開とその将来」『経済学研究』（九州大学）第 69 巻第 3・4 号，123-132 頁。
吉見宏（2003 b）「監査期待ギャップの論理と必然性」『経済学研究』（北海道大学）第 53 巻第 3 号，325-337 頁。
脇田良一（1996）「我国監査実践の歩みにおける会計監査人の役割と責任」『會計』第 151 巻第 1 号，46-57 頁。
脇田良一（1998 a）「新『中間監査基準』の解説」，『JICPA ジャーナル』第 10 巻第 9 号，13-18 頁。
脇田良一（1998 b）「中間監査基準の論点」，『企業会計』第 50 巻第 12 号，32-37 頁。
渡辺茂（2002）「中間決算をフル監査に」『企業会計』第 54 巻第 8 号，104-105 頁。

欧　文

American Accounting Association (AAA) (1991), "Committee on Accounting and Auditing Measurement 1989-1990", *Accounting Horizons*, Vol. 5 No. 3, pp. 81-105.

American Institute of Accountants (AIA) (1938), "Extensions of Auditing Procedure", *Journal of Accountancy*, June 1939, pp. 343-344.

American Institute of Certified Public Accountants (AICPA) (1978), *Report, Conclusions and Recommendations*, AICPA. 鳥羽至英訳『財務諸表監査の基本的枠組み —— 見直しと勧告 ——』白桃書房，1990 年。

American Institute of Certified Public Accountants (AICPA) (1987), *Report of the National Commission on Fraudulent Financial Reporting*, AICPA. 鳥羽至英，八田進二訳『不正な財務報告 —— 結論と勧告 ——』白桃書房，1991 年。

American Institute of Certified Public Accountants (AICPA) (1994), *Comprehensive Report of the Special Committee on Financial Reporting*, AICPA. 八田進二，橋本尚訳『事業報告革命』白桃書房，2002 年。

参考文献

American Institute of Certified Public Accountants (AICPA) (2000), *Report and Recommendations* (The Panel on Audit Effectiveness), AICPA. 山浦久司監訳, 児島隆, 小澤康裕訳『公認会計士監査』白桃書房, 2001年。
Beaty, J. and Gwynne, S. (1993), *The Outlaw Bank : A Wild Ride into the Secret Heart of BCCI*, Ramjac. 沢田博, 橋本恵訳『犯罪銀行 BCCI』ジャパンタイムズ, 1994年。
Bertholdt, R. (1986), "Public Expectations—Meeting the Challenge", *The CPA Journal*, pp. 10-19.
Bologna, G. and Lindquist, R. (1995), *Fraud Auditing and Forensic Accounting : New Tools and Techniques*, 2nd. ed., John Wiley & Sons.
Brewster, M. (2003), *Unaccountable : How to Accounting Profession Forfeited a Public Trust*, John Wiley & Sons. 友岡賛監訳, 山内あゆ子訳『会計破綻』税務経理協会, 2004年。
The Canadian Institute of Chartered Accountants (CICA) (1988), *Report of the Commission to Study the Public's Expectations of Audits*, CICA.
Caplan, D. (1994), "The Expectations Gap : Understanding Auditor's Efforts to Detect Fraud", unpublished doctorial dissertation, University of California at Berkeley.
Christensen, M. et Yoshimi, H. (2000), "La voie vers l'optimisation de ressources : étude de cas des rapports de performances dans deux pays", *Revue internationale des sciences administratives*, vol. 66 num. 3, pp. 511-531.
Christensen, M. and Yoshimi, H. (2001 a), "A Comparison of Japanese and Australian Second Tier Government Performance Reporting", in Chapter 5 of Aad Bac (eds.), *International Comparative Issues in Government Accounting*, Kluwer Academic Publishers, pp. 53-70.
Christensen, M. and Yoshimi, H. (2001 b), "A Two Country Comparison of Public Sector Performance Reporting : The Tortoise and Hare ?", *Financial Accounting & Management*, Vol. 17 No. 3, pp. 271-289.
The Committee on the Financial Aspects of Corporate Governance (1992), *The Report of the Committee on the Financial Aspects of Corporate Governance*, Gee Publishing. 八田進二, 橋本尚訳『英国のコーポレート・ガバナンス』白桃書房, 2000年。
Dicksee, L. (1892), *Auditing : A Practical Manual for Auditors*, London : Gee & Co. (1976), reprinted New York : Arno Press.
Dunn, J. (1991), *Auditing : Theory and Practice*, Prentice Hall.
Fox, L. (2003), *Enron : The Rise and Fall*, John Wiley & Sons.
Fusaro, P. and Miller, R. (2002), *What Went Wrong at Enron : Everyone's Guide to the Largest Bankruptcy in U. S. History*, John Wiley & Sons. 橋本碩也訳『エ

ンロン崩壊の真実』税務経理協会，2002 年。
Garcia-Benau, M., and Humphrey, C. (1991), "Beyond the Audit Expectations Gap: Learning from the Experiences of Britain and Spain", *European Accounting Review*, 1, pp. 303-331.
Garcia-Benau, M., Humphrey, C., Moizer, P. and Turley, S. (1993), "Auditing Expectations and Performance in Spain and Britain: A Comparative Analysis", *The International Journal of Accounting*, 28, pp. 281-307.
Geddes, M. (1992), "The Social Audit Movement", in D. Owen (ed.), *Green Reporting*, Chapman & Hill.
Glandon, S. (1997), "Expectation-Performance Gap: Professional Liability Associated with Certain Auditor Behaviors", unpublished doctorial dissertation, Louisiana Tech University.
Griffiths, I. (1995), *New Creative Accounting*, Macmillan, London。近田典行・鈴木裕明訳『クリエイティブ　アカウンティング』東洋経済新報社，2001 年。
Guy, D. and Sullivan, J. (1988), "The Expectation Gap Auditing Standards", *Journal of Accountancy*, April, pp. 36-46.
Hand, J. and Lev, B. (2003), *Intangible Assets: Values, Mesures, and Risks*, Oxford University Press.
Healy, A. (1991), "Probing The Depths of The Expectation Gap", *The Accountant*, August, p. 8 and p. 14.
Hopwood, A., Page, M. and Turley, S. (1990), *Understanding Accounting in a Changing Environment*, ICAEW/Prentice Hall.
Humphrey, C. and Moizer, P. (1990), "From Techniques to Ideologies: An Alternative Perspective on the Audit Function", *Critical Perspectives on Accounting*, 1, pp. 217-238.
Humphrey, C. (1991), "Audit Expectations", in Chapter 1 of Sherer, M. and Turley, S. (eds.), *Current Issues in Auditing*, 2nd. ed., Paul Chapmen Publishing.
Humphrey, C., Moizer, P. and Turley S. (1991), "An Empirical Dimension to Expectations", *Accountancy*, Oct. 1991.
Humphrey, C., Moizer, P., and Turley, S. (1992 a), *The Audit Expectations Gap in the United Kingdom*, ICAEW.
Humphrey, C., Moizer, P., and Turley, S. (1992 b), "The Audit Expectations Gap-Plus ca Change, Plus C'est Meme Chose?", *Critical Perspectives on Accounting*, 3, pp. 137-161.
Humphrey, C., Moizer, P. and Turley, S. (1993), "The Audit Expectations Gap in Britain: An Empirical Investigation", *Accounting and Business Research*, 23 (91 A), pp. 395-411.

Humphrey, C., Bowerman, M., Owen, D. and Stride, C. (2002), *The Contemporary Nature and Significance of the External Audit Function : An Empirical Survey of the Views of ICAEW Members*, ICAEW.

Knapp, M. (2001), *Contemporary Auditing : Real Issues & Cases* (4th edn.), South-Western College Publishing.

Learmount, S. (2002), *Corporate Governance : What Can Be Learned from Japan ?*, Oxford University Press.

Lee, T. (1994), "Financial Reporting Quality Labels : The Social Construction of the Audit Profession and the Expectations Gap", *Accounting, Auditing & Accountability Journal*, 7(2), pp. 30-49.

Lev, B. (2001), *Intangibles,* Brookings. 広瀬義州・桜井久勝監訳『ブランドの経営と会計』東洋経済新報社，2002年。

Littleton, A. (1933), *Accounting Evolution to 1900*, New York. 片野一郎訳『リトルトン会計発達史』（増補版），同文舘出版，1978年。

Mautz, R. K. and Sharaf, H. (1961), *The Philosophy of Auditing*, American Accounting Association. 関西監査研究会訳『監査理論の構造』中央経済社，1987年。

Mitchell, A., Puxty, A., Sikka P. and Willmott, H. (1991), "Accounting for Change : Proposals for Reform of Audit and Accounting", *Fabian Society Discussion Paper*, No. 7, London.

Naser, K. (1993), *Creative Financial Accounting*, Prentice Hall.

Neebes, D. and Roost, W. (1987), "ASB's Ten 'Expectation Gap' Proposals : Will they do the job?", *The CPA Journal*, October, pp. 22-28.

Palas, R. (1998), The "Expectation Gap as Witnessed in the Courtroom", unpublished doctorial dissertation, The State University of New Jersey.

Pijper, T. (1993), *Creative Accounting*, Macmillan.

Power, M. (1994), *The Audit Explosion*, Demos.

Power, M. (1997), *The Audit Society*, Oxford University Press. 國部克彦，堀口真司訳『監査社会』東洋経済新報社，2003年。

Rapoport, N. and Dharan, B. (2004), *Enron : Corporate Fiascos and Their Implications*, Foundation Press.

Roslender, R. (1992), *Sociological Perspectives on Modern Accountancy*, Routledge.

Sakagami, M., Yoshimi, H. and Okano, H. (1999), "Japanese Accounting Profession in Transition", *Accounting Auditing & Accountability Journal*, 12(3), pp. 340-357.

Sikka, P., Puxty, A., Willmott, H. and Cooper, C. (1998), "The Impossibility of Eliminating the Expectations Gap : Some Theory and Evidence", *Critical Perspectives on Accounting*, 9, pp. 299-330.

参考文献 173

Squire, S., Smith, C., McDougall, L. and Yeack, W. (2003), *Inside Arthur Andersen : Shifting Values, Unexpected Consequences*, Person Education. 平野皓正訳『名門アーサーアンダーセン消滅の軌跡』シュプリンガー・フェアラーク東京，2003年。

Wallace, W. (1995), *Auditing* (3rd ed.), South-Western College Publishing.

Weinstein, G. (1987), *The Bottom Line : Inside Accounting Today*, New American Library. 渡辺政宏訳『アメリカ会計士事情』日本経済新聞社，1991年。

White, G., Wyer, J. and Janson, E. (1987), "Uncertainty Reporting : Impact of Proposed Changes", *The CPA Journal*, September, pp. 46-52.

Yoshimi, H. (1994 b), "Audit Expectations Gap in Japan : A comparative analysis with Britain", *Discussion Paper Series A*, No. 28, Faculty of Ecomomics, Hokkaido University.

Yoshimi, H. (2002 d), "Auditing Changes in Japan : From the Minor to the Major", *Critical Perspectives on Accounting*, 12, pp. 533-544.

索　引

あ　行

ISO 14001 …………………………… *118*
ICAEW ………………………………… *59*
アカウンティング・スクール …… *13*
アメリカ会計士協会 ………………… *28*
移転期待ギャップ …………………… *84*
違法行為 ……………………………… *93*
イングランド・ウェールズ
　勅許会計士協会 …………… *38*, *59*
インタンジブルズ ………… *121*, *159*
Wallace ……………………………… *28*
ウルトラマーレス事件 ……………… *26*
AIA …………………………………… *28*
ASR …………………………………… *26*
ASR 第 19 号 ………………………… *28*
APB オピニオン第 5 号 …………… *29*
エール・エクスプレス事件 ………… *31*
エクイティ・ファンディング事件 … *31*
エクスペクテーション・ギャップ … *4*
SAS No. 53 …………………………… *92*
SAS No. 54 …………………………… *93*
SAS No. 59 …………………………… *93*
SAS No. 82 …………………………… *94*
SAS No. 99 …………………………… *95*
SAS 第 5 号 …………………………… *31*
SAP …………………………………… *28*
SAP 第 30 号 ………………………… *28*
SAP 第 41 号 ………………………… *31*
SPE ………………………………… *142*
FASB 概念ステートメント ……… *132*
エンロン ……………………………… *141*

エンロン事件 ……………………… *100*
オマリー委員会 …………………… *162*

か　行

懐疑心 ………………………………… *95*
会計期待ギャップ ……………… *74*, *77*
会計原則運動 ………………………… *23*
会計大学院 …………………………… *13*
会計的再認識 ………………………… *83*
会計的認識 ……………………… *19*, *79*
会計不信 …………………………… *100*
会計連続通牒 ………………………… *26*
雅叙園観光 ………………………… *109*
カナダ勅許会計士協会 ……………… *36*
カパロ・インダストリー事件 ……… *33*
環境会計 …………………………… *114*
環境監査 …………………………… *113*
環境報告書 ………………………… *115*
環境マネジメント ………………… *114*
監査過程 ……………………………… *46*
監査基準 ……………………………… *98*
監査基準の設定 ……………………… *14*
監査期待ギャップ ……………… *4*, *6*
監査事例研究 ………………………… *43*
監査的認識 …………………………… *19*
監査手続書 …………………………… *28*
監査人の責任委員会 ………………… *5*
監査人の役割 ………………………… *8*
監査の爆発 ……………………… *77*, *155*
監査役 ………………………………… *65*
企業改革法 ……………… *100*, *141*, *147*
企業の継続性 ………………………… *9*

基準ギャップ …………………………72
期待ギャップ…………………………4,6
期待ギャップ基準書 …………………92
キャドベリー委員会 …………………39
キャドベリー委員会報告書 …………33
業務ギャップ …………………………72
近代的監査期待ギャップ ……………38
経済産業省
　ブランド価値評価研究会…………128
経済のソフト化 ………………………56
継続監査 ……………………………162
減価償却 ………………………………21
検算 ……………………………………79
限定監査 ……………………………106
公共監視審議会……………………147
合理的な期待 …………………………72
ゴーイング・
　コンサーン ………9,74,93,99,161
コーエン委員会………………………4,5
コーポレート・ガバナンス …………39
固有期待ギャップ ……………………83
コンサルティング業務 ………………52
コンチネンタル・ベンディング・
　マシン事件 …………………………30

さ　行

サーベインズ・
　オクスリー法 ………………100,141
財務諸表監査 ………………………3,21
CICA ………………………………36,78
ジェンキンス委員会…………………135
時間的ずれによるギャップ ……38,76
事業報告 ……………………………135
試査 ……………………………………21
自主規制………………………………148
実態調査 ………………………………43
社会的期待ギャップ …………………4

社会的責任 ……………………………51
準拠性 …………………………………23
準拠性監査 ……………………………21
情報開示 ………………………………81
職業倫理 ………………………………60
精査 ……………………………………21
精密監査 ………………………………20

た　行

第三者検証報告書……………………115
第三者審査報告書……………………115
中間監査 ……………………………103
中間監査基準 ………………………104
千代田邦夫 ……………………………87
適正性監査 ……………………………22
特別目的事業体 ……………………142
独立性 ………………………………14,51
トレッドウェイ委員会 ………………90

な　行

二重責任の原則 ………………………9
日本国土開発 ………………………110
日本コッパース…………………41,45
日本債券信用銀行……………………109
日本住宅金融 …………………………40

は　行

バークリス事件 ………………………29
Power ………………17,77,101,155
Humphrey ………………………37,44
ピア・レビュー …………………55,149
POB …………………………………147
BCCI事件 ……………………………34
ビジネス・リポーティング…………135
不合理な期待 …………………………72
藤田昌也 ………………………………59
不正の発見 ………………………10,50

ブランド ·················· *121*
法会計 ···················· *97*
保証 ······················ *157*
保証水準 ·················· *156*
ポリー・ペック・インターナショナル
　····················· *127*
ポリー・ペック・インターナショナル事件 ···················· *34*

ま　行

マクドナルド委員会 ········ *36, 72*
マックスウェル事件 ············ *35*
マッケソン・ロビンス事件 ······ *27*
無期待ギャップ ·········· *64, 77, 85*
無形項目 ············ *74, 121, 159*
無形資産 ···················· *34*
無知によるギャップ ········ *37, 38*
無知のギャップ ·············· *64*

盛田良久 ···················· *57*

や　行

八田進二 ···················· *60*
山一證券 ···················· *40*
山浦久司 ··················· *107*
有価証券取引所法 ············· *27*
有価証券法 ·················· *27*
有限責任パートナーシップ ······ *96*
有用意見 ··················· *107*
百合野正博 ·················· *57*

ら　行

Littleton ···················· *18*
レビュー ·············· *104, 158*

わ　行

ワールドコム事件 ············ *146*

［著者紹介］

吉見　宏（よしみひろし）

1961年	長崎県生まれ
1985年	九州大学経済学部卒業
1987年	九州大学大学院経済学研究科修士課程修了
1990年	九州大学大学院経済学研究科博士後期課程単位取得退学
同年	日本学術振興会特別研究員
1991年	北海道大学経済学部講師
1993年	北海道大学経済学部助教授
2000年	北海道大学大学院経済学研究科助教授
2004年	北海道大学大学院経済学研究科教授
	現在に至る

［主要著書・論文］

『企業不正と監査』（単著），税務経理協会（1999年），『ケースブック監査論』（単著），新世社（2001年），『会計利潤の計算方法』（共著）同文舘出版（1994年），『日本発ブランド価値評価モデル』（共著）税務経理協会（2003年），ほか論文多数。

著者との協定
により検印を
省略します

監査期待ギャップ論

2005年3月25日　初版第1刷発行

著　者　Ⓒ　吉　見　　宏

発行者　　菅　田　直　文

発行所　有限会社　森山書店　〒101-0054　東京都千代田区神田錦町1-10林ビル
TEL 03-3293-7061　FAX 03-3293-7063　振替口座 00180-9-32919

落丁・乱丁本はお取りかえします　　　　　印刷・製本／三美印刷

本書の内容の一部あるいは全部を無断で複写複製することは，著作権および出版社の権利の侵害となりますので，その場合は予め小社あて許諾を求めてください。

ISBN 4-8394-2004-1